Christoph Rechenberg

Innovationsfeld Tempelhof

Möglichkeitsräume von Planungsinstrumenten

Diplomica Verlag GmbH

Rechenberg, Christoph: Innovationsfeld Tempelhof: Möglichkeitsräume von
Planungsinstrumenten. Hamburg, Diplomica Verlag GmbH 2013

Buch-ISBN: 978-3-8428-9543-0
PDF-eBook-ISBN: 978-3-8428-4543-5
Druck/Herstellung: Diplomica® Verlag GmbH, Hamburg, 2013

Bibliografische Information der Deutschen Nationalbibliothek:
Die Deutsche Nationalbibliothek verzeichnet diese Publikation in der Deutschen
Nationalbibliografie; detaillierte bibliografische Daten sind im Internet über
http://dnb.d-nb.de abrufbar.

© Diplomica Verlag GmbH
Hermannstal 119k, 22119 Hamburg
http://www.diplomica-verlag.de, Hamburg 2013
Printed in Germany

Gliederung

Abkürzungsverzeichnis

Abb.	Abbildung
B-Plan	Bebauungsplan
BauGB	Baugesetzbuch
BBI	Flughafen Berlin Brandenburg International
BIM	Berliner Immobilien Management GmbH
bzw.	beziehungsweise
bspw.	beispielsweise
ebd.	Ebenda
f.	die folgende Seite
ff.	die folgenden Seiten
FNP	Flächennutzungsplan
FuE	Forschung und Entwicklung
HPP	Architekturbüro Hentrich-Petschnigg und Partner
IBA	Internationale Bauausstellung
IGA	Internationale Gartenbauausstellung
Kap.	Kapitel
PPP	Public Private Partnership
PR	Public Relations
S.	Seite
SenStadt	Senatsverwaltung für Stadtentwicklung und Umwelt
SWP	Landschaftsarchitekturbüro Seebauer, Wefers und Partner
Tab.	Tabelle
THF	Tempelhofer Forum
TIT	Team Ideenwerkstatt Tempelhof
TUB	Technische Universität Berlin
vgl.	vergleiche
z.B.	zum Beispiel
z.T.	zum Teil
ZLB	Zentral- und Landesbibliothek

Abbildungsverzeichnis

Tabellenverzeichnis

1 Einleitung

Jeder spricht heutzutage über Innovationen. Sie gelten als „Leitbild gesellschaftlicher Entwicklung" (Güntner 2004: 5) und werden vor allem in Hinblick auf Herausforderungen infolge der Globalisierung, des demografischen Wandels und des wirtschaftlichen Strukturwandels vermehrt eingefordert. Gesucht werden im städtischen Kontext beispielsweise innovative Lösungen, um die negativen Folgen von Schrumpfungsprozessen und brachliegender Industriegebiete zu kompensieren oder neue Mobilitätskonzepte, mit deren Hilfe das Leben in der Innenstadt weniger belastend gestaltet werden kann. Aber auch Ideen sind gefragt, um die Stadtentwicklung trotz geringer finanzieller Ressourcen in geordnete Bahnen zu lenken.

Besonders Großstädte sind drauf angewiesen in Bezug auf verschiedene Problemlagen neuartige Lösungsansätze zu generieren. So verfügt beispielsweise Berlin infolge der Neuausrichtung des Flughafensystems und der damit verbundenen Schließung des Tempelhofer Flughafens über eine enorm große und zentral gelegene Freifläche von 386 ha, die viel Potenzial für die Stadtentwicklung bereitstellt und als urbane Parklandschaft in Zeiten des Klimawandels europaweite Beachtung findet. Jedoch fehlen dem Land die finanziellen Mittel, um die Fläche adäquat zu entwickeln und in die angrenzenden Bezirke zu integrieren. Daher wird beispielsweise für die Pflege der Parklandschaft, die jährlich mit 400.000 Euro zu Buche schlägt (vgl. Thomsen 2011), ein geeignetes Finanzierungskonzept gesucht.

Da Tempelhof indes schon aus dem historischem Kontext heraus ein Ort der Pioniere und Innovationen war – denke man z.B. an Otto Lilienthal und seine kühnen Flugversuche –, will die Senatsverwaltung für Stadtentwicklung und Umwelt (SenStadt) als Vertreter des Eigentümers, das Land Berlin, an diese Tradition anknüpfen. So betont die SenStadt, dass in Tempelhof erneut Akzente gesetzt und innovative Wege begangen werden sollen. Es soll ein innovatives Parkbild unter möglichst geringem finanziellen Aufwand entstehen (vgl. Senatsverwaltung für Stadtentwicklung 2010f: 8), das denkmalgeschützte Flughafengebäude wird als „Bühne des Neuen" eine Plattform für innovative Produkte und zukunftsweisende Ideen (vgl. Senatsverwaltung für Stadtentwicklung 2010e: 2). Die auf den zukünftigen Baufeldern angesiedelten Pioniernutzungen sollen Impulse für eine zukunftsfähige und innovative Stadtentwicklung geben (vgl. Senatsverwaltung für Stadtentwicklung 2010i: 2).

Wie können jedoch Innovationsvorhaben aus solch unterschiedlichen Bereichen – Landschaftsplanung, Gebäudenachnutzung und Bottom-up-Initiativen – wirksam gefördert werden? Genau diese Frage müssen sich die Entwicklungsträger des Tempelhofer Feldes stellen, wenn sie ihre Innovationsansprüche erfolgreich umsetzen wollen. Eine mögliche Antwort auf dieses Themenfeld bietet die Stadt- und Regionalplanung und hängt mit Erfahrungen zusammen, die in Verbindung mit der Internationalen Bauausstellung (IBA) Emscher Park gesammelt wurden. Hier ist eine alte Industrieregion durch neuartige Planungs- und Steuerungsmodelle der Regionalentwicklung in eine zukunftsfähige Region von hoher Qualität transformiert worden (vgl. Ibert 2003: 24 ff.). Hintergrund für das Ausprobieren neuartiger Planungs- und Steuerungsmodelle sind Erfahrungen, dass sich klassische Stadtplanung mit den ihr zur Verfügung stehenden Instrumenten und Vorgehensweisen schwer damit tut, gewohnte Pfade zu verlassen und neuartige Lösungen zuzulassen. Die Neuen, in Verbindung mit der IBA genutzten Maßnahmen zur strategischen Förderung von innovativen Lösungen wurden im Rahmen eines Forschungsprojekts umfassend erfasst, strukturiert und als „Prinzipien innovationsorientierter Planung" (Ibert 2003: 70 ff.) aufbereitet.

Die vorliegende Studie greift diese Überlegungen auf und versucht, die im Zusammenhang mit dem Tempelhofer Feld genutzten (vorwiegend informellen) Planungsinstrumente hinsichtlich ihres Vermögens zu analysieren, strukturelle Neuerungen, also Innovationen zu begünstigen. Die Kernfrage dieser Studie lautet daher: Welche Planungsinstrumente bieten Möglichkeitsräume, um den auf der semantischen Ebene geäußerten Innovationsansprüchen gerecht zu werden? Auf diese Weise soll herausgefunden werden, ob im Kontext des Tempelhofer Feldes lediglich über Innovationen gesprochen wird oder diese auch tatsächlich gefördert werden.

Folgende Fragen schließen sich daher an:

- In welchem Verhältnis stehen Innovation und Stadtplanung/Stadtentwicklung?
- Mithilfe welcher Prozesselemente lassen sich Innovationen in der Stadtplanung begünstigen?

Fragen bezüglich der Fallstudie Tempelhof:

- Welche Rolle spielt das räumliche Umfeld bei der (innovationsorientierten) raumbezogenen Planung?
- Welche Akteure engagieren sich bei der Zukunftsgestaltung des Tempelhofer Feldes und welche Interessen verbinden sie damit?
- Ist es gerechtfertigt, Tempelhof als ein Innovationsfeld zu bezeichnen?

Gliederung der Studie

Einleitend werden im zweiten Kapitel die Themenfelder Stadtentwicklung und Stadtplanung als auch der Zusammenhang von Innovation und Stadtentwicklung erläutert. Daran anschließend wird gezeigt, mithilfe welcher Prozesselemente Innovationen in der räumlichen Planung gefördert werden können. Das dritte Kapitel widmet sich dem Forschungsvorgehen bestehend aus Untersuchungsdesign und Untersuchungsverfahren, das die Grundlage für diese Studie bildet. Im vierten Kapitel wird zum Hauptteil des Buches, der Fallstudie zum Tempelhofer Feld, übergeleitet. Nach einem historischen Abriss zur Entstehung des Flughafens wird das Feld stadträumlich verortet. Nachfolgend wird auf die am Planungs- und Entwicklungsprozess beteiligten Akteure[1] und deren Interessen eingegangen. Das anschließende Kapitel fünf zeichnet den Planungsverlauf seit der Wiedervereinigung nach und es werden ausgewählte Planungsinstrumente nach ihrem Vermögen untersucht, Innovationen zu fördern. Aber auch Probleme der genutzten Instrumente bezogen auf die Ansprüche einer innovativen Nachnutzung sollen nicht unreflektiert bleiben. Am Ende des Analyseteils werden drei konkrete Projekte analysiert, in denen explizit Innovationsansprüche formuliert wurden. Abschließend werden im sechsten Kapitel die gemachten Aussagen zusammengefasst und ein Fazit gezogen.

---

[1] Es sei darauf hingewiesen, dass aus Gründen der besseren Lesbarkeit auf die gleichzeitige Verwendung weiblicher und männlicher Sprachformen verzichtet wird, weshalb sämtliche Personenbezeichnungen für beide Geschlechter gelten.

2 Stadtentwicklung und Innovation: eine konzeptionelle Verknüpfung

Stadtentwicklung und Innovation, zwei Begriffe die zunächst nicht offensichtlich etwas miteinander gemein haben. Dennoch werden sie vor allem in den Raumwissenschaften als zwei untrennbare Sachverhalte gesehen (vgl. Koschatzky 2009: 6).

Das folgende Kapitel hat zum Ziel, diese Verbindung umfassend darzulegen. Daher werden zunächst kurz die Themenfelder Stadtentwicklung und Stadtplanung vorgestellt. Anschließend wird der Innovationsbegriff eingeführt, um diesen in Zusammenhang mit Stadtentwicklungsprozessen zu verorten. Abschließend wird es darum gehen, wie Stadtplanung Innovationen strategisch begünstigen kann, um die Herausforderungen bewältigen zu können, denen sich die Stadtentwicklung gegenüber gestellt sieht.

2.1 Stadtentwicklung und -planung: eine Einführung

Stadtentwicklung setzt sich, dem raumplanerischen Verständnis zufolge, zum einen mit der strukturellen Entwicklung der Stadt auseinander. Diese umfasst beispielsweise Dimensionen wie die demografische und die ökonomische Entwicklung. Zum anderen fokussiert sie die räumliche Entwicklung, die unter anderem baulich-räumliche und räumlich-funktionale Dimensionen beinhaltet. Beide Schwerpunkte, die strukturelle und die räumliche Entwicklung müssen miteinander in Verbindung gebracht werden, um die Implikationen des strukturellen Wandels auf die räumlichen Gegebenheiten erfassen zu können (vgl. Kuder 2009: 68). Heutzutage steht Stadtentwicklung durch Phänomene wie dem demographischen Wandel, der Globalisierung, Nachhaltigkeitsforderungen oder auch moderne Formen der Beteiligungskultur vor neuen Herausforderungen. Um die Entwicklung einer Stadt dennoch in geordnete Bahnen lenken zu können, stehen Instrumente wie z.B. der Stadt- oder Stadtteilentwicklungsplan zur Verfügung, aber auch die Instrumente der Stadtplanung kommen zum Einsatz (vgl. Stadt Passau 2010).

Stadtplanung wird von Albers und Wékel (2008: 11) kurz gefasst als „das Bemühen um eine den menschlichen Bedürfnissen entsprechende Ordnung des räumlichen Zusammenlebens – auf der Ebene der Stadt oder Gemeinde" definiert. Als Voraussetzung für die Schaffung (bzw. Umnutzung oder Umgestaltung) eines Baugebietes nennen sie eine langfristige Entwicklungsplanung der Stadt. Dies bedeutet, dass ein Plan des Zielzustands erarbeitet werden muss, „an dem sich Struktur, Gestalt und Funktion nach Art eines ‚Modells' ablesen lassen" (ebd.)

und der zudem die Finanzierung, den Grunderwerb und nötige Baumaßnahmen berücksichtigt. Vorrangig beschäftigt sich Stadtplanung dabei mit der Nutzung des Bodens und mit der Art und Gestaltung von Plätzen, Straßen und Gebäuden.

Als gesetzliche Grundlage für die stadtplanerische Gestaltung gilt in Deutschland das Baugesetzbuch (BauGB). Dieses regelt, bezogen auf das allgemeine Städtebaurecht, die Bauleitplanung, wofür wiederum zwei Kategorien von Bauleitplänen zur Verfügung stehen: Der Flächennutzungsplan (FNP), der die beabsichtigte Bodennutzung in den Grundzügen darstellt und der Bebauungsplan (B-Plan), der die Entwicklungsvorstellungen des FNP für eine jeweilige Teilfläche konkretisiert (vgl. ebd.: 68). Diese rechtlich verankerten Planungsinstrumente werden auch als „harte" oder „klassische" Planungsinstrumente bezeichnet.

Stadtplanung ist heute, in einer Zeit des kontinuierlichen Wandels und der Forderung nach öffentlicher Mitbestimmung, nicht einfach nur der Entwurf eines Stadtgefüges durch einen Stadtplaner und die Handhabung der zur Entwicklung nötigen Mittel. Vielmehr muss sie Ansprüche und Bedürfnisse abwägen und bewerten, sowie Nebenwirkungen baulicher Maßnahmen abschätzen, was nur durch eine stärkere Kommunikation mit Bürgern und Betroffenen möglich ist (vgl. ebd.: 7). Seit einigen Jahren wird daher in den Planungswissenschaften von einem Wandel in der Planungspraxis gesprochen. Begrifflich wird dieser Wandel als „communicative turn" (Healey 1992) beschrieben und skizziert den Trend, dass Planung seltener „als hoheitlicher Steuerungsakt, sondern als Kooperation zwischen privaten und öffentlichen Akteuren in Aushandlungsprozessen organisiert" wird (Ibert 2003: 15). Ergänzend zu den „harten" Planungsinstrumenten wie Bauleitplanung treten vermehrt „„weiche', auf Überzeugung und Kommunikation ausgerichtete Instrumente, wie Moderation, Mediation oder Verhandlungen am runden Tisch" (ebd.: 16) in den planerischen Alltag. Die planerische Leistung besteht somit nicht mehr ausschließlich darin, die mögliche Zukunft eines Projekts gedanklich vorweg zu nehmen, sondern vor allem Kooperationen zwischen verschiedenen Akteuren müssen stimuliert und moderiert werden. Ariane Bischoff et al. (2007: 16) spitzen diesen Gedanken weiter zu und bekräftigen: „Planung ist Kooperation". Sie betonen weiterhin, dass es vielfältige Gründe gibt, auf eine partizipative Planung zu setzen. Hierzu zählen beispielsweise rechtliche Gründe, wie der §3 (Absatz 1) des BauGB, welcher festschreibt, dass Bürger möglichst frühzeitig in die Ziele und Zwecke der Planung eingeweiht werden müssen und sich dazu auch äußern können. Diese vorherige Erörterung mit den Bürgern soll verhindern, dass nach dem Beschluss von Plänen langwierige Klagewellen folgen, die besonders Kosten- und Zeitaufwendig sind.

Aber auch gewisse politische Funktionen werden partizipativen Planungsverfahren nachgesagt. Eine gute Zusammenarbeit mit Betroffenen kann beispielsweise die Demokratie fördern, indem die Bürger ihre Wünsche und Anliegen stärker berücksichtigt fühlen und es so weniger zu Protesten, z.B. durch Bürgerinitiativen kommt.

Zusätzlich entstehen aus der Partizipation der Bürger und Experten Vorteile für die Planung selbst. So bietet die Betroffeneninformierung auch eine Art Frühwarnsystem, indem Planer in der Diskussion der Pläne feststellen können, ob mit Widerständen zu rechnen ist und wie diese vermieden werden können. Zudem führt eine Beteiligung von Betroffenen nicht selten dazu, dass diese sich mit dem geplanten Projekt stärker identifizieren und gegebenenfalls sogar eigene Kräfte mobilisieren, um dieses zu unterstützen. Schließlich können durch den Einbezug heterogener Akteure und einen umfassenden Diskurs über das geplante Projekt auch neue Ideen entstehen, die in den ausgetretenen Pfaden klassischer, harter Planung oft nicht möglich gewesen wären (vgl. Ibert 2003: 16). An diesen Aspekt will die vorliegende Studie anschließen, indem sie sich mit den *Möglichkeitsräumen von Planungsinstrumenten* befasst. Diesbezüglich werden vor allem die auf Kommunikation und Kooperation ausgerichteten informellen bzw. weichen Planungsinstrumente Beachtung finden. Möglichkeitsräume werden in Anlehnung an Haas (2003) als Denkräume verstanden, „in denen neue soziale, kulturelle oder wirtschaftliche Formen entstehen, angedacht oder erprobt werden". Im Kern geht es somit um die Frage, inwiefern informelle Planungsinstrumente den Weg für neue Denk- und Handlungsweisen eröffnen können.

Zusammenfassend soll betont werden, dass Stadtentwicklung in enger Verbindung zur stadtplanerischen Tätigkeit steht. Stadtplanung erfolgt heutzutage weniger hoheitsstaatlich gelenkt, sondern baut auf der intensiven Partizipation zahlreicher Akteure auf. Aus dem Einbezug unterschiedlicher Akteure können viele Vorteile[2] und neue Ideen entstehen. Diese neuen Ideen, können schließlich zu Innovationen führen. Was Innovationen sind und in welchem Verhältnis diese wiederum zu Stadtentwicklungsprozessen stehen, soll im weiteren Verlauf geklärt werden.

---

[2] Auch wenn in dieser Studie stets von den Vorteilen der informellen Planungsinstrumente die Rede ist, muss darauf hingewiesen werden, dass auch kommunikative Planung kein Erfolgsversprechen darstellt, da diese Verfahren ebenso mit spezifischen Grenzen versehen sind, die Heidi Sinning in ihrer Dissertation ausführlich beschreibt (vgl. Sinning 2002: 171 ff.).

2.2 Innovation heute

> „Wer rastet, der rostet!" (altdeutsche Re-
> dewendung, Verfasser unbekannt)

Mangelnde körperliche Aktivität wirkt sich nachteilig auf die Leistungsfähigkeit eines Menschen aus, wie das Sprichwort volkstümlich beschreibt. Stillstand wird gleichgesetzt mit einer
negativen körperlichen Entwicklung. Die Redewendung lässt sich jedoch auch auf das moderne gesellschaftliche Fortschrittsverständnis übertragen, wonach sich alles bewegen, schnel-
ler ablaufen, wachsen und sich ständig erneuern muss, um Bestand zu haben. Einer der
Hauptbegriffe, die mit diesem Fortschrittsverständnis in Zusammenhang stehen, ist Innovation. Abgeleitet vom lateinischen *innovatio*, bedeutet Innovation Erneuerung oder Veränderung
(vgl. Georges 1861: 2115).

2.2.1 Definition und Konzepte

Die Ursprünge der Innovationsforschung gehen auf Joseph Alois Schumpeter zurück, der bereits 1912 die These aufstellt, „dass das Kennzeichen der kapitalistischen Wirtschaft [...] dy-
namisches evolutionäres Wachstum ist, welches sich vorrangig aus Innovationen
speist" (Weyer 2008: 147). Mit dieser Betonung von Innovationen als Motor der wirtschaftlichen Entwicklung, stellt er die damals vorherrschende neoklassische Theorie in Frage, die das
Gleichgewicht von Angebot und Nachfrage als Voraussetzung für eine geordnete wirtschaftliche Entwicklung herausstellt. „Das Definitionskriterium besteht" für Schumpeter „darin,
Neues zu tun oder etwas, was bereits gemacht wird, auf eine neue Weise zu
machen" (Schumpeter, Haberler & Böhm 1987: nach Ibert 2003, S.39). Während bei
Schumpeter der Fokus somit noch auf Produktinnovationen („Neues tun") und
Verfahrensinnovationen („etwas, was bereits gemacht wird, auf eine neue Weise zu machen")
liegt, spezifizieren sich die Innovationsreferenzen in der jüngeren Zeit immer stärker aus. So
differenziert Werner Rammert zwischen wirtschaftlichen, politischen, sozialen und
künstlerischen Innovationen, betont aber zugleich, dass sich diese Liste noch erweitern ließe
(vgl. Rammert 2010: 40 ff.). Weiterhin schlägt er vor, die Entstehung von Innovationen als
einen sozialen Prozess zu untersuchen, bei dem die Relationen zwischen den
Innovationsdiskursen (Semantik), den Praktiken des innovativen Handelns (Pragmatik) und
den jeweiligen Innovationsregimen (Grammatik) Beachtung finden sollten. Dementsprechend
breiter ist auch die von ihm formulierte Definition aufgestellt: „Neuerungen sollen alle
Varianten heißen, die sich zeitlich von vorherigen Varianten absetzen und so auch auf der
semantischen Ebene als neu definiert werden, die sich sachlich als Modifikation eines oder

die sich sachlich als Modifikation eines oder mehrerer Elemente oder ihrer Kombination als andere oder vorher unbekannte fremde Art entwickeln oder hergestellt werden, und die sozial als relevante Abweichung von der Normalität nach Konflikten zwischen interessierten Gruppierungen als Verbesserung akzeptiert und als neue Normalität in die institutionellen Regeln eingebaut werden oder sie sogar transformieren." (ebd.: 45 f.) Diese Definition ist ebenso wie das von Rammert vorgeschlagene relational-referentielle Innovationskonzept kein allgemeiner Konsens, da verschiedene Innovationsforscher unterschiedliche Definitionen und Konzepte vorschlagen.

2.2.2 Der Innovationsprozess

Trotz der Differenzen in Bezug auf eine einheitliche Definition und der Innovationskonzepte herrscht weitestgehend Konsens, dass Innovation in enger Beziehung zu anderen Begriffen wie dem der Idee oder der Kreativität steht (vgl. Fueglistaller, Müller & Volery 2008: 75 f.). So stellt eine Idee, einen geistigen Lösungsansatz zur Behebung eines Problems oder eines Sachverhalts dar. Kreativität meint darüber hinaus „das Generieren von neuen, brauchbaren Ideen [...]; also der schöpferische Prozess der Ideenfindung" (ebd.: 75). Innovationen gründen schließlich auf beiden Denkfiguren, dem der Idee und dem der Kreativität. So müssen kreative Ideen praktisch umgesetzt, also realisiert (Invention) werden, in größere Kontexte hineinwachsen (Diffusion) und sich dort etablieren, um als Innovationen zu gelten. Somit kann man sich das Dreigespann Idee, Kreativität und Innovation auf einem Kontinuum vorstellen, wobei die Idee den Anfang bildet, die durch Kreativität gezielt gefördert wird und schließlich nach der (eventuellen) Invention in weitere gesellschaftliche Kontexte diffundiert, diese gegebenenfalls transformiert und zur Innovation wird.

Die entscheidende Schlüsselressource in diesem Prozess ist Kommunikation. Werner Rammert (2010: 34) schreibt dazu, dass „Innovationen [...] zunächst als solche ausgewiesen, ‚markiert' bzw. ‚kommunikativ konstruiert' werden [müssen], bevor sie in das Bewusstsein von Individuen eingehen können". Wenn Innovationskommunikation systematisch von Organisationen betrieben wird, verfolgen diese meist das Ziel „Verständnis für und Vertrauen in die Innovation zu entwickeln sowie die dahinter stehende Organisation als Innovator zu positionieren" (Zerfaß, Sandhu & Huck 2004: 4). Es geht also darum positive Erwartungen zu schüren, mit denen das Neue, die dahinterstehende Organisation und die Umstände bei deren Erzeugung legitimiert werden können. Vor diesem Hintergrund muss allerdings auch angemerkt werden, dass Organisationen den grundsätzlich positiv konnotierten Innovationsbegriff gelegentlich auch nutzen, um „von sich Reden zu machen" (ebd.: 11), ohne dass tatsächlich im Sinne einer Innovationserzeugung gehandelt wird. Das Ziel solchen Handelns ist dann lediglich eine positive Bewertung in der Öffentlichkeit zu gewinnen (vgl. Zerfaß 2005: 14).

Dass das „Endresultat" selten dem entspricht, was am Anfang intendiert wurde, liegt daran, dass alle Akteure im Innovationsprozess einen Lernprozess durchlaufen (vgl. Braun-Thürmann 2004: 12; Ibert 2005: 603). Dieser Lernprozess entsteht durch Kommunikation in sozialen Netzwerken oder Praktikgemeinschaften (vgl. Braun-Thürmann 2005: 65), wobei Erfahrungen ausgetauscht werden, die zur Anpassung der Idee oder des Produkts führen. In der Folge ist es enorm schwierig bzw. beinahe unmöglich am Beginn eines Prozesses ein innovatives Endresultat vorher sagen zu können (vgl. Ibert 2003: 68). Dieser Umstand, die Unvorhersagbarkeit des Endresultats, bringt insbesondere die Schwierigkeit mit sich, dass Innovationen nicht von allen gesellschaftlichen Akteuren mit offenen Armen empfangen werden. Auch in diesem Zusammenhang kam der entscheidende Anstoß vom Innovationspionier Schumpeter. Er beschreibt, dass der Innovationsprozess „unaufhörlich die alte Struktur zerstört und unaufhörlich eine neue schafft" (Schumpeter 1950: 138), und weist somit darauf hin, dass die Entstehung des Neuen immer auch mit der Zerstörung des Alten verbunden ist. Dies bedeutet, dass infolge der Etablierung neuer Strukturen, alte überholte Strukturen überflüssig werden. Dass dies nicht im Willen der Akteure geschieht, die mit den alten Strukturen verhaftet sind, scheint nachvollziehbar. So sind es vor allem traditionelle Organisationen, die aufgrund eingefahrener Lösungswege beachtliche Beharrungstendenzen gegenüber Wandlungsprozessen aufweisen. Wenn strukturelle Neuerungen diese ausgetretenen Pfade bedrohen, geschieht es häufig, dass sich einige Akteure zur Wehr setzen, um an dem Bestehenden fest zu halten (vgl. Ibert 2003: 48).

2.3 Innovation und gesellschaftliche Entwicklung

Weitgehend Einigkeit herrscht weiterhin darüber, dass Innovationen heute als zentrales Element der modernen Gesellschaft und als Lösungsweg gelten, um Herausforderungen infolge der Globalisierung sowie der demografischen Veränderung wirksam entgegen treten zu können (vgl. Güntner 2004: 5). So gilt es z.B. in Bezug auf die negativen Folgen der Globalisierung innovative Mobilitätskonzepte zu finden, um der zunehmenden Umweltbelastung und dem Flächenverbrauch Einhalt zu gebieten. Aber auch neuartige Lösungskonzepte aus dem Bereich der Demografie werden gesucht, um den Folgen des Geburtenrückgangs bei gleichzeitiger Überalterung begegnen zu können. Diese Suche nach neuen Lösungsansätzen für verschiedenste Probleme manifestiert sich auch politisch indem beispielsweise das Jahr 2009 zum europäischen Jahr der Kreativität und Innovation erklärt wurde und die Bundesregierung ein Jahr später die „Hightech-Strategie 2020" – ein nationales Gesamtkonzept für eine „missionsorientierte Innovationspolitik" [3] – vorstellte (Bundesministerium für Bildung und Forschung 2012). Mit diesen politischen Programmen sind jährlich steigende Ausgaben für den Bereich Forschung und Entwicklung (FuE) verbunden. Von Seiten der Wirtschaft wurden beispielsweise im Jahr 2010 57,8 Mrd. Euro in FuE-Aktivitäten investiert, während der Bund sich mit 12,7 Mrd. Euro beteiligte, was ungefähr 2,8 % des Bruttoinlandsprodukts entspricht (vgl. Bundesministerium für Bildung und Forschung 2010: 40 ff.). Es ist offensichtlich, dass dem Bereich FuE und dem Generieren von Innovationen in der modernen Gesellschaft ein großer Stellenwert beigemessen wird, was sich in den enormen Fördersummen manifestiert.

Bisher haben wir neben den historischen Wurzeln und der begrifflichen Definition von Innovation vor allem verwandte Begriffe wie Idee und Kreativität kennen gelernt, aber auch erfahren, dass die Entstehung von Innovationen eng mit Kommunikations- und Lernprozessen aber auch mit Widerständen verbunden ist. Dennoch überwiegt heutzutage ein meist positives öffentliches Verständnis von Innovation, denn sie avancieren zum „Leitbild gesellschaftlicher Entwicklung" und gelten als „Notwendigkeit im Projekt gesellschaftlicher Modernisierung" (Güntner 2004: 5).

Da sich Disziplinen wie die Soziologie und die Stadt- und Regionalplanung seit ihrer Entstehung intensiv mit Prozessen des sozialen Wandels und der gesellschaftlichen Modernisierung auseinandergesetzt haben, beschäftigen auch sie sich, wenn auch teilweise kontrovers, mit diesem Phänomen (vgl. Braun-Thürmann 2004: 11; Degele 2002: 11 ff.). Kontrovers insofern, als dass Autoren wie Helmut Martens (2010: 371) oder Klaus Selle (2004: 46) den inflationären Gebrauch des Begriffs kritisieren und von einem „Passepartout" bzw. einer bedeutungslosen Worthülse sprechen. Dennoch scheint es einen Zusammenhang zwischen Innovation und Stadtentwicklung zu geben, wie im Folgenden erläutert wird, was die systematische Auseinandersetzung mit diesen Themen durchaus begründet.

2.4 Über den Zusammenhang von Innovation und Stadtentwicklung

Städte und Stadtregionen sind heutzutage mit vielfältigen Problemen konfrontiert. So erfahren beispielsweise viele ländliche Regionen in Ostdeutschland eine massive Abwanderung der jüngeren Bevölkerung bei gleichzeitiger Überalterung, was nicht nur zu einem Verfall der

---

[3] Ziel der Hightech-Strategie ist es, Deutschland durch die Förderung innovativer Zukunftsprojekte (Missionen) zum Vorreiter bei der Lösung globaler Herausforderungen zu machen (vgl. Bundesministerium für Bildung und Forschung 2010: 21).

überflüssigen Bausubstanz führt, sondern auch gravierende wirtschaftliche Folgen für die Region hat (vgl. Becker, Böhmer-Herbin, Sailer & Sturm 2002: 39 ff.; Christmann 2009: 1). Aber auch Großstädte wie Berlin stehen immer größeren Problemen gegenüber. Diese reichen von den negativen Begleiterscheinungen der Globalisierung wie Umweltbelastung, die zunehmende soziale Ausdifferenzierung, die sich räumlich in einer Spaltung der Stadt niederschlägt, über die schrumpfenden Ressourcen der öffentlichen Hand bei gleichzeitiger Forderung nach Lenkung der gesellschaftlichen Entwicklung, bis zum Strukturwandel von der Industriestadt zur postindustriellen Stadt, wodurch ehemalige Industriegebiete ungenutzt verfallen (vgl. Bodenschatz 2005: 264).

Da diese Probleme meist nur eine bestimmte Region betreffen, stehen sie in Bezug auf Ursache und Wirkung eng mit dem umgebenden Raum in Verbindung. Für die Bewältigung komplexer Probleme gibt es bislang kaum etablierte Instrumente oder zielgerichtete Strategien. Auch zeigen Maßnahmen, die sich in anderen Regionen bereits bewährt haben, nicht zwangsweise nach der Implementierung in neuen Räumen dieselbe Wirkung, da die Begleitumstände häufig zu verschieden sind. Daher ist meistens eine grundlegend andere Umgangsweise mit dem Vorhandenen notwendig (vgl. Ibert 2003: 23). Probleme von Städten und Stadtregionen müssen neu definiert werden, um bisher unbekannte Lösungen entwickeln zu können (vgl. ebd.). Diese müssen auf den jeweiligen Kontext zugeschnitten sein, bedürfen aber dennoch Freiraum, um sich entwickeln zu können. Städten wie Berlin kommen dabei die Ressourcen an urbanen kreativen Milieus und die großen Potenziale im Wissenschaftsbereich[4] zu Gute, um neue oder auch innovative Wege[5] aus Problemsituationen beschreiten zu können. Beispielsweise wird bezogen auf die negativen Folgen der Umweltbelastung derzeit intensiv an der Etablierung des Elektroautos gearbeitet, wobei Akteure aus Wirtschaft und Wissenschaft verstärkt zusammen kommen, um neue Lösungen zu entwickeln. Aber auch alte Industriebrachen werden bereitwillig an junge, kreative Akteure vermittelt, um diese neu zu beleben und den Akteuren Raum zur Verwirklichung ihrer Ideen zu bieten. Es geht also darum, regionale Kapazitäten zu aktivieren, um gravierenden Problemen mit neuen oder innovativen Lösungen zu begegnen und im internationalen Wettbewerb bestehen zu können. Bürokratische Institutionen spielen dabei eine entscheidende Rolle. Denn während Schumpeter den Unternehmer, der sich am Markt durchsetzen will und daher neue Wege geht, in den Mittelpunkt des Innovationsgeschehens stellt und somit die Innovationsfähigkeit der Gesellschaft von die-

---

[4] Aktuell sind in Berlin vier Universitäten, zwei Kunsthochschulen, mehrere Max-Planck- und Frauenhofer-Institute sowie viele weitere wissenschaftliche Institutionen ansässig.
[5] Neuheit und Innovation stehen in einem engen Zusammenhang, wie die Innovationsdefinition von Werner Rammert (2010: 45) illustriert hat. Neuheit ist ein Merkmal von Innovation, jedoch zeichnet sich Innovation weiterhin dadurch aus, dass sie sich gegen Widerstände durchsetzt und aufgrund ihrer verbessernden Eigenschaften in neue Kontexte eingebaut wird und diese gegebenenfalls auch transformiert.

sem abhängig macht (vgl. Schumpeter 1952: 99 ff.), hat sich dieses Verständnis in der modernen Zeit teilweise gewandelt. So scheinen die eben angesprochenen ländlichen Regionen von den Folgen des demographischen Wandels so stark betroffen, dass sich auch Unternehmer schwer damit tun, in solchen Regionen eine Niederlassung zu gründen.

In solchen Fällen, in denen es die Gesellschaft nicht aus sich heraus schafft, eigene Lösungen zu generieren, kommen bürokratischen Institutionen wie dem Staat bzw. der öffentlichen Verwaltung als Innovator eine besondere Rolle zu (vgl. Ibert 2003: 68). Ihre Rolle muss es unter anderem sein, Flächen als Experimentierfelder zur Verfügung zu stellen, neue Kooperationen auszuprobieren und neue Lösungen zuzulassen, um Antworten auf die oben benannten Probleme finden zu können. Dabei geht es nicht darum, dass die bürokratische Verwaltung allein auf sich gestellt strategische Pläne entwirft, sondern Prozesse in einem Netzwerk aus Politik, zivilgesellschaftlichen Initiativen, privaten Investoren und öffentlicher Verwaltung müssen aktiv begleitet werden (vgl. Bodenschatz, Doehler-Behzadi, Giseke & Krautzberger 2006: 4). Solche neuen Kooperationen, beispielsweise in Form einer Public Private Partnership[6] (PPP), ermöglichen nicht nur die Mobilisierung privaten Kapitals für staatliche Aufgaben, sondern generieren auch neue Sichtweisen auf Probleme sowie ungeahnte Lösungsstrategien. Dabei darf die öffentliche Hand nicht in eine „Attitude des übertriebenen Rückzugs, der Apathie [...] verfallen" (Bodenschatz 2004: 20) und seinen Partnern die Arbeit der Stadtentwicklung überlassen. Sie muss vielmehr ein mächtiger „Interventionsstaat mit möglichst funktionsfähigen, klassischen Steuerungsinstrumenten" (Ibert 2003: 37) sein, um wichtige Sicherheits- und Ordnungsfunktionen übernehmen zu können. Auch wenn dies zunächst banal klingt, ist Innovationsplanung durch bürokratische Institutionen ein schwieriges Unterfangen: Erstens liegen deren Stärken im Planen und Lenken. Jedoch sind Innovationen weitgehend unplanbare Ereignisse, da sie kaum auf einem zielorientierten Weg erreicht werden können. Daher scheint die Planung von Innovationen paradox, weil versucht wird, das „Unkalkulierbare planend herzustellen" (Siebel, Ibert & Mayer 2002b: 85). Zweitens stellt sich das Problem, dass Innovationen dabei meistens in nicht-innovativen Milieus organisiert werden müssen. Wie oben bereits beschrieben, findet die staatliche Intervention vor allem dort statt, wo die gewünschten Erneuerungen nicht von Seiten der Gesellschaft oder der Politik organisiert werden können. Der Grund hierfür ist meist, dass sich die Widerstände gegen strukturellen Wandel als zu mächtig erweisen und das örtliche Milieu eher auf bekannte als auf neue Lösungen vertraut (vgl. Siebel et al. 2002b: 86). Schließlich sind, drittens, bürokratische Institutionen äußerst schlecht für diese Aufgabe gerüstet. So gründet staatliches Handeln auf Mehr-

---

[6] Dieser Begriff beschreibt die Zusammenarbeit staatlicher und privater Akteure.

heitsentscheidungen. Innovationen sind jedoch selten mehrheitsfähig, da sie kaum mit den vorherrschenden Meinungen und Interessen kompatibel sind. Daher gilt als Faustregel: „Je stärker sich staatliches Handeln an Mehrheiten orientiert, desto weniger scheint es zur Innovation fähig." (Siebel et al. 2002b: 86) Zusätzlich zeichnen sich bürokratische Institutionen durch eingeschliffene Zuständigkeiten aus, wodurch neue Aufgaben und Abläufe schwer integrierbar sind. In der Folge neigt der Staat zu einer Tendenz des „institutionellen Immobilismus" (Siebel et al. 2002b: 87), was die Planung von Innovationen als staatliche Aufgabe beinahe unmöglich erscheinen lässt.

Siebel, Ibert und Mayer (2001) beschreiben die Organisation von Innovationen durch bürokratische Institutionen daher als dreifach paradoxe Aufgabenstellung, denn sie ist „Planung des Unplanbaren, in einem innovationsfeindlichen Milieu durch einen für diese Aufgabe denkbar unbegabten Akteur." Wie es dennoch möglich ist, die Aufgabe der Generierung von Innovationen in staatliche Hände zu geben und dabei eventuell auch gute Ergebnisse zu erzielen, soll im folgenden Abschnitt geklärt werden.

In Anbetracht der bisherigen Aussagen und mit Bezug auf die zweite Fragestellung dieser Studie soll festgehalten werden, dass innovative Lösungen Antworten auf vielfältige Problemlagen heutiger Stadtentwicklung geben können. Diese Antworten müssen jedoch erst in einem aufwendigen Prozess gefunden werden, weshalb der Erzeugung von Innovationen in der modernen Gesellschaft ein hoher Stellenwert beigemessen wird und großzügige Fördersummen an die Seite gestellt werden.

2.5 Das Analysegerüst: die Prinzipien innovationsorientierter Planung

Im folgenden Abschnitt geht es um die Frage, welches Zusammenspiel planerischer Prozesselemente Möglichkeitsräume für die Entstehung von Innovationen in der raumbezogenen Planung eröffnen kann. Die vorhandene Literatur bezüglich der Förderung von Innovation in der raumbezogenen Planung stellt sich als sehr übersichtlich dar. Die wesentlichen Impulse in diesem Bereich kommen von der Arbeitsgruppe Stadtforschung der Carl von Ossietzky Universität in Oldenburg (vgl. Selle 2004: 44). Zu nennen wäre hier Walter Siebel, Oliver Ibert und Hans-Norbert Mayer die verschiedene Werke publizierten, die die Organisation von Innovation zum Inhalt hatten (vgl. Ibert 2003, 2004, 2005; Ibert & Mayer 2002; Siebel et al. 2001; Siebel, Ibert & Mayer 2002a). Mit Innovationen sind dabei nicht nur modellhafte technische Lösungen wie Plusenergiehäuser[7] oder Blockheizkraftwerke[8] gemeint, sondern ebenso hervorragende Lösungen für Probleme aus dem Sozialbereich, wie Segregation (soziale Innovationen[9]) sowie neuartige künstlerische Schöpfungen (künstlerische Innovationen), die Räumen eine neue Qualität verschaffen.

Das theoretische Modell, das in dieser Studie Anwendung findet, gründet empirisch auf den Ergebnissen eines DFG-Projekts von Oliver Ibert, in Kooperation mit Hans-Norbert Mayer und Walter Siebel über die Internationale Bauausstellung Emscher Park sowie die Weltausstellung EXPO 2000 in Hannover. Da bei beiden Projekten „Innovationen in nichtinnovativen Milieus" forciert werden sollten, um strukturelle Probleme einer altindustriellen Region zu lösen bzw. stadt- und regionalplanerische Ziele umzusetzen, wurden die organisatorischen Bedingungen zur Erzeugung von Innovationen untersucht (vgl. Ibert 2003: 12; 2009: 18). Der daraus entstandene Anforderungskatalog an eine innovationsorientierte Planung soll im Folgenden vorgestellt werden. Da dieser Abschnitt auf drei Werke Oliver Iberts (Ibert 2003, 2005, 2009) zur innovationsorientierten Planung aufbaut, wird auf einen wiederholenden Verweis auf die Originalquellen verzichtet. Wörtliche Zitate werden jedoch weiterhin als solche gekennzeichnet.

Zunächst sollen Wege vorgestellt werden, mit deren Hilfe es überhaupt erst möglich wird, neue Lösungen zu generieren und diese nicht schon im Ansatz zu unterdrücken. Anschließend geht es darum, wie diese neuen Lösungen wirksam in Szene gesetzt werden können, um sie als Modelllösung zu etablieren. Schließlich geht es im letzten Abschnitt um die Frage, wie diese Modelllösungen in andere Kontexte diffundieren können, um alltagstauglich zu werden.

---

[7] Ein Plusenergiehaus produziert mehr Energie als die Bewohner des Hauses verbrauchen. Diese Energie stammt aus Solaranlagen, die an der Fassade oder auf dem Dach montiert werden (vgl. Bube 2010).
[8] Ein Blockheizkraftwerk produziert neben elektrischer Energie auch Abwärme, die nicht verloren geht, sondern vor Ort genutzt wird. Dadurch hat es einen höheren Nutzungsgrad als eine einfache Heizung oder ein Kraftwerk (vgl. Münch o.J.).
[9] Eine soziale Innovation beschreibt Wolfgang Zapf als „neue Wege, Ziele zu erreichen, insbesondere neue Organisationsformen, neue Regulierungen, neue Lebensstile, die die Richtung des sozialen Wandels verändern, Probleme besser lösen als frühere Praktiken, und die deshalb wert sind, nachgeahmt und institutionalisiert zu werden." (Zapf 1989: 177)

2.5.1 Planung durch Verzicht auf (klassische) Planung

> „Die ‚neue Stadtplanung' im Sinne ei-
> ner ‚Nicht-Planung' muss [...] unauffällig
> sein, nicht vorgeben, sondern ermögli-
> chen." (Frey 2007: 27)

Klassische Stadtplanung setzt darauf, gedanklich einen baulichen Endzustand zu entwerfen und die dazu nötigen Handlungsschritte zu antizipieren. Dabei werden Kosten und Mühen in einer vorherigen, umfassenden Informationsanalyse rational abgewogen. Da Innovationen aber meist einen eher unplanbaren und zufälligen Charakter[10] haben (vgl. Rammert 2000: 3), scheinen Innovationserzeugung und formelle Stadtplanung zwei konträre Partner zu sein. Die dahinterstehende Logik wirkt plausibel: „Ist die Planung als Planung erfolgreich, dann liegt der Verdacht nahe, dass letztlich nichts wirklich neues entstanden ist" (Ibert 2003: 68), denn Innovationen können kaum vorher schon bekannt sein. Daher empfiehlt Ibert drei Elemente – vage Ziele, oberflächliche Informationen und Revidierbarkeit – für eine ergebnisoffene Planung, um das Auftreten von Innovationen nicht bereits im Keim zu ersticken. Alle drei Elemente werden im Folgenden vorgestellt.

Vage Ziele

Da bei innovationsorientierter Planung die Ziele sowie die Lösungswege zu Beginn weitgehend im Verborgenen liegen, gilt es beides im Laufe des Prozesses schrittweise zu eruieren und gegebenenfalls zu revidieren. Dabei werden Mittel und Ziele stets aufeinander angepasst. Somit stellt innovationsorientierte Planung immer auch einen Lernprozess für alle Beteiligten dar. Jedoch kommt auch solch eine „Planung" nicht ganz ohne eine ungefähre Orientierung aus. Leitbilder und Mottos kommen daher zu Beginn des Planungsprozesses zum Einsatz, um allen Beteiligten eine gemeinsame Stoßrichtung vorzugeben, und die es im fortschreitenden Prozess weiter zu spezifizieren gilt.

Oberflächliche Informationen

Die Grundüberlegung hinter diesem Prinzip ist, dass Informationsbeschaffung zu Beginn des Planungsprozesses ein arbeitsaufwendiges Unterfangen ist und dazu noch Gefahr läuft, unnötig zu sein, da Informationen allzu schnell veralten. Da bei innovationsorientierter Planung der Ausgang weitgehend offen ist, wird auf eine umfassende Informationsbeschaffung zu Beginn verzichtet. Vielmehr findet diese als ein iterativer Prozess mithilfe verschiedenster Ak-

---

[10] Dieses Unplanbare und Zufällige bezieht sich vor allem auf die Kosten und den Erfolg bei der Erzeugung des Neuen, denn beides ist vorher kaum prognostizierbar.

teure statt, bei dem ständig zwischen Informationsbeschaffung und Konzeptentwicklung gewechselt wird. Diese Informationsbeschaffung läuft bis zur Konkretisierung des Ziels immer parallel zum Planungsprozess mit, wodurch am Ende des Prozesses ein hoch verdichtetes Informationssammelsurium entsteht.

Revidierbarkeit

Formelle Festsetzungen zu Beginn des Planungsprozesses grenzen den Handlungsspielraum für spätere Entscheidungen ein. Da innovationsorientierte Planung vor allem auf einem „Trial and Error"[11]-Prinzip beruht, werden endgültige Entscheidungen so lange wie möglich aufgeschoben. Dies bedeutet, dass Abmachungen zwar getroffen werden, jedoch haben diese zu Beginn den informellen Charakter einer Handschlagvereinbarung und werden erst zum Ende hin konkretisiert und schließlich vertraglich festgeschrieben. So können Irrtümer revidiert werden, ohne einen bürokratisch hochaufwendigen Änderungsprozess ins Rollen bringen zu müssen.

Alle drei Maßnahmen halten somit den Spielraum für Entscheidungen so lang wie möglich offen und versuchen Fehlentscheidungen vorzubeugen bzw. ihnen Platz im Planungsprozess zu geben, ohne dass schwere Folgen entstehen.

Nachdem Bedingungen vorgestellt wurden, mit deren Hilfe strukturellen Neuerungen auftreten können, geht es im Folgenden um Sonderinstitutionen, die das Auftreten von Innovationen darüber hinaus wirksam unterstützen.

2.5.2 Charisma oder: die Organisation von Außeralltäglichkeit

> „,Charisma' soll eine als außeralltäglich geltende Qualität einer Persönlichkeit heißen, um derentwillen sie als [...] ,Führer' gewertet wird." (Weber 2006: 243)

Diese Bedeutung des Charismas, das eine genuin menschliche Eigenschaft ist, geht auf Max Weber und seiner Beschreibung charismatischer Führer zurück (vgl. Weber 2006: 243 f.). Der Grundgedanke ist, dass bestimmte Personen außeralltägliche Fähigkeiten besitzen mit deren Hilfe „Veränderungen in einer Welt möglich sind, die von Wiederholungen, Routine und Tradition dominiert wird" (Ibert 2003: 78). Charismatische Führer erkennen und ergreifen Gelegenheiten außerhalb der Routine und setzen ihre Freude am Gestalten auch ohne umfassende

---

[11] Diese heuristische Methode um Probleme zu lösen baut auf dem Prinzip auf, dass Lösungen für ein Problem so lange probiert werden, bis es zu einer zufriedenstellenden Bewältigung gekommen ist.

wirtschaftliche Vorabwägungen durch. Dabei werden sie, aufgrund ihrer Begabung zur Füh-
rerschaft, von Anhängern in persönlicher und finanzieller Weise unterstützt, wodurch die gesamte Gruppe eine Avantgarde-Position erfährt.

Dieses personengebundene Charisma gibt es auch in einer institutionalisierten Variante, das
sich in Organisationsstrukturen integrieren lässt. Dieses institutionalisierte Charisma, das in
Sonderinstitutionen wie Festen, Bühnen oder Sonderorganisationen eingeschrieben sein kann,
schafft eine zeitlich, räumlich und sachlich eingegrenzte Außeralltäglichkeit. Diese begrenzte
Außeralltäglichkeit kann, wie im Folgenden detailliert erläutert wird, die Entstehung von Innovationen positiv begünstigen.

Das Fest

Ein Fest ist ein besonderes Ereignis, das sich durch „organisierte Unordnung" auszeichnet.
Diese äußert sich insofern, als dass für eine bestimmte Zeit abweichendes Verhalten nicht nur
möglich, sondern sogar weitgehend erwünscht ist, um einen klaren Kontrast zur sonstigen
Normalität zu schaffen. Es weckt somit bei allen Beteiligten die „Erwartungshaltung, dass
dort auch Ungewöhnliches zu passieren habe und Unkonventionelles zu besichtigen sein müsse" (ebd. 82). Je weiter sich das Fest von der Normalität entfernt, desto stärker ist die charismatische Wirkung. Feste haben dabei mehrere, für die Forcierung von Innovationen wichtige
Eigenschaften.

Ähnlich einem charismatischen Führer werden mithilfe des Festes unterschiedliche Ressourcen mobilisiert. Hierzu gehören zum einen Sonderausgaben, die auch angesichts leerer Kas-
sen viel leichter zu legitimieren sind als im Alltag. Zu festlichen Anlässen wird die generelle
Sparsamkeit zugunsten der kostenintensiven Öffentlichkeitswirksamkeit zurückgefahren. Dies
geschieht meist in der Hoffnung, dass infolge der Veranstaltung die Konjunktur wieder ange-
kurbelt und die hohen finanziellen Vorleistungen wieder eingespielt werden. Zum anderen
haben Feste aber auch einen großen Einfluss auf das persönliche Engagement der Beteiligten.
Allein die Aussicht an etwas Großem und Einmaligen beteiligt zu sein und diesem den per-
sönlichen Stempel aufdrücken zu können, wirkt für viele motivierend. Beide Ressourcen, sowohl die finanziellen als auch die personellen, können leichter mobilisiert werden, weil allen
Beteiligten klar ist, dass das Fest irgendwann wieder vorbei sein wird. Aber auch ansonsten
langwierige Verwaltungsvorgänge werden infolge der zeitlichen Befristung oft beschleunigt
und die Widerstände gegen unkonventionelle Vorhaben sinken, weil Kritikern bewusst ist,
dass der Trubel bald ein Ende hat. Die begrenzte Zeitlichkeit spielt somit bei charismatischen

Institutionen wie einem Fest eine wichtige Rolle für die Mobilisierung verschiedener Ressourcen und für das Auftreten von Widerständen.

Die Bühne

Charismatische Institutionen wirken nach außen, sie haben einen Bühneneffekt. Als Beispiel nennt Ibert den Bühneneffekt einer IBA, „auf der Architekten und Planer ihre Fähigkeiten einer kritischen Öffentlichkeit vorführen" (ebd.: 85). Konkret benennt er Effekte der Public Relation (PR), da spektakuläre Ergebnisse, als Werbeobjekte inszeniert, Identifikation, Engagement und Begeisterung bei den Betrachtern auslösen. Nur durch eine umfassende Inszenierung und Erklärung in öffentlichen Veranstaltungen haben Neuerungen überhaupt die Chance verstanden zu werden, wodurch wiederum die Widerstände sinken und sie eventuell in weitere gesellschaftliche Kontexte diffundieren können. Diese Diffusion in fremde Kontexte ist wichtig, da Neuerungen erst dadurch zu etwas Besonderem, nämlich einer Innovation, werden (vgl. Kap. 2.2.2). Weiterhin täuscht eine gute Inszenierung auch über negative Begleitumstände, wie hohe Kosten oder langwierige Konstruktionsphasen hinweg, wodurch auch in Zukunft weiter an wegweisenden Innovationen gefeilt werden darf.

Die Sonderorganisation

Da Innovationen Flexibilität und Freiraum benötigen, werden Sonderorganisationen dazu genutzt, Widerstände und strukturelle Inflexibilitäten vor allem in klassischen, bürokratischen Verwaltungsstrukturen zu umgehen. Sonderorganisationen werden außerhalb etablierter, administrativer Strukturen gegründet und unterscheiden sich aufgrund zweier Merkmale. Zum einen in Hinblick auf den Grad ihrer Formalisierung – dieser reicht von informell organisierten Projektgruppen bis zu Organisationen mit vertraglich abgesicherten Rechtsstatus – und zum anderen bezüglich der Entfernung zu den Strukturen aus denen sie ausgegliedert werden – hier reicht das Spektrum von einer verwaltungsinternen Umstrukturierung (Sonderorganisation der Verwaltung) bis hin zu privatwirtschaftlichen Organisationen.

Vorteilhaft für die Erzeugung von Innovationen sind meist neu gegründete Projektgruppen, die vollständig aus den Verwaltungsstrukturen ausgegliedert werden, um freier agieren zu können. Solche offenen Organisationsstrukturen lassen sich leichter auf die neuen Problemstellungen zuschneiden, da den Mitarbeitern die neu anvertrauten Aufgaben meist interessanter erscheinen, sie dadurch mehr Engagement bei der Umsetzung aufbringen und auch Lösungen außerhalb des Standard-Repertoires ausprobieren.

Allen drei Institutionen ist gemein, dass sie, ähnlich wie das von Weber beschriebene personengebundene Charisma, eine faszinierende Wirkung auf Außenstehende ausüben und dabei gruppenintern zu Höchstleistungen anregen. Wie das qualitativ Neue jedoch konkret in netzwerkartigen Konstellationen erzeugt werden kann, soll Gegenstand des folgenden Abschnitts sein.

2.5.3 Die Organisation lernförderlicher Netzwerke

> „Eine Transformation bedarf schließlich eines kontinuierlichen, routinierten internationalen Austauschs sowie einer wissenschaftlichen Begleitung. Erfahrungen mit Transformation andernorts müssen zur Kenntnis genommen werden – als Anregung oder Warnung" (Bodenschatz et al. 2006: 4)

Diese Aussage des „Stadtforum Berlin 2020"[12] weist darauf hin, dass Transformationen ähnlich wie Innovationen das Ergebnis kollektiver Lernprozesse und reger Interaktionen sind. Dies ist auch der Grundgedanke des Netzwerkparadigmas, nach dem Innovationen, anders als bei Schumpeter, nicht von einzelnen Personen organisiert werden, sondern aus dem Zusammenwirken der Mitglieder eines Netzwerks entstehen (vgl. Christmann 2011: 201; Gillwald 2000: 24 ff.; Rammert 2010: 23). Dabei benötigen Netzwerke gewisse Qualitäten, die für sich genommen eine Art Balanceakt darstellen. Einerseits müssen die Netzwerkmitglieder beispielsweise in Bezug auf Fähigkeiten, Kompetenzen und soziokulturelle Herkunft möglichst heterogen sein, andererseits benötigt die Kommunikation ein hohes Maß an Vertrauen, um das implizite Wissen der jeweiligen Akteure auch an andere Netzwerkmitglieder weitergeben zu können. Man könnte diesen Zustand als eine vertrauensvolle Fremdheit beschreiben. Ein „Nebenprodukt" dieses Balanceakts ist zudem, die Kopräsenz von Kooperation und Konkurrenz. Die Akteure müssen einander helfen, gut miteinander kooperieren aber gleichzeitig ein Mindestmaß an Konkurrenzdenken aufweisen und versuchen, im Wettbewerb die besten zu sein. So ist es denkbar, die Grenze des Möglichen immer weiter auszudehnen. Weiterhin ist ein mittleres Machtniveau förderlich, bei dem sich jedes Mitglied gleichberechtigt äußern kann. Das Problem unterschiedlich machtvoller Akteure ist oft, dass zu starke Akteure nicht auf Kooperation angewiesen sind oder sogar kein Interesse an grundlegenden Veränderungen

---

[12] Das Stadtforum Berlin 2020 wurde von der früheren Stadtentwicklungssenatorin Ingeborg Junge-Reyer ins Leben gerufen, um Stadtentwicklungsstrategien zusammen mit den Experten des wissenschaftlichen Beirats, Prof. Dr. Harald Bodenschatz, Dr. Marta Doehler-Behzadi, Prof. Undine Giseke und Prof. Dr. Michael Krautzberger, öffentlich zu diskutieren (vgl. Bodenschatz et al. 2006).

haben. Ebenfalls brauchen Innovationen eine gewisse Redundanz, um verschiedene Lösungen für ein und dasselbe Problem bereit zu halten, wobei abschließend aus einem Lösungspool gewählt werden kann. Diese Prinzipien – die vertrauensvolle Fremdheit, die Kopräsenz von Kooperation und Konkurrenz, redundante Lösungen und ein mittleres Machtniveau - können erklären, wie innovationsfähige Milieus Neuerungen hervorbringen. Wie jedoch zunächst einmal innovationsfähige Milieus erzeugt werden, damit diese Prinzipien wirksam werden können, wird im folgenden Abschnitt geklärt. Dabei geht es darum zu zeigen, wie es gelingt, Rahmenbedingungen zu schaffen, durch die strukturveränderndes Lernen möglich ist.

Subjekt-Subjekt-Interaktionen

Es wurde schon mehrfach angedeutet, dass Innovationen aus der „kreativen Kombination des in einem Netzwerk präsenten Lösungsrepertoires" (Ibert 2003: 98) entstehen. Ein solches Verständnis, auch das wurde weiter oben bereits angemerkt, hat sich seit den 1980er Jahren in der Stadtplanung etabliert (vgl. Kap. 2.1), indem verstärkt auf kooperative und kommunikative Planungsverfahren gesetzt wird. Die daraus resultierenden Vorteile sind vielfältig und reichen von mehr Informationen für die Planenden, über Konfliktvermeidung durch Partizipation der Bürger bis hin zu Demokratisierung der Gesellschaft durch Bürgerinitiativen (vgl. Bischoff et al. 2007: 23). Aber sie verstärken auch die Innovationsfähigkeit der Planung, da infolge der kommunikativen Akte, Lernprozesse bei allen Beteiligten auftreten, wodurch neue Möglichkeitsräume geschaffen werden. Beispielsweise kann durch eine gute Subjekt-Subjekt-Interaktion, bei der die Wünsche und Bedürfnisse der späteren Bewohner genauestens erfasst und in den Planungsprozess integriert werden, das ‚Produkt' viel besser nach deren Vorstellungen realisiert werden. Dieses Expertenwissen der Laien kann auch der versierteste Planer nicht ohne eine enge Kooperation mit den Betroffenen erfassen. Ein solches Vorgehen bietet sich vor allem bei Minderheiten wie Behinderten, Älteren oder auch alleinerziehenden Müttern an, da diese oft spezielle Anforderungen an Objekte, z.B. ihre zukünftige Wohnung, haben. Auch gilt es in solchen Kontexten auf ein mittleres Machtniveau zu achten, indem auf die Ideen der Betroffenen eingegangen und diese so lange kombiniert und restrukturiert werden, bis die Lösungen den Vorstellungen entsprechen und vielleicht sogar innovative Ansätze bereithalten. Auf keinen Fall darf die Idee der Betroffenen mit einem „geht nicht" abgetan oder durch die Sicht der Planer überformt werden, da dies die Innovation im Keim ersticken würde. Hilfreich ist daher oft die Beteiligung eines Schiedsrichters, der die Diskussion moderiert und eine gemeinsame Entscheidungsfindung unterstützt. Dennoch sollte darauf hingewiesen werden, dass eine gelungene Subjekt-Subjekt-Interaktion auf mittlerem Machtniveau nicht nur zwischen Planern und Laien wichtig ist, sondern auch in vielen weiteren Kontexten eine wichtige Rolle spielt, in denen Positionen verhandelt werden. Dabei sollten die Akteure möglichst frei entscheiden können, ohne Rücksprachen halten zu müssen, um die Dynamik des freien Spiels der Kräfte nicht zu beschränken. Alle genannten Aspekte laufen auf zwei Stichworte hinaus: Die produktive Dynamik von Verhandlungen und ein mittleres Machtniveau. Beide sind essentiell für das Entstehen von innovativen Ideen infolge einer gelungenen Subjekt-Subjekt-Interaktion.

Steigerung der Verhaltensheterogenität

Die Steigerung der Verhaltensheterogenität gilt als zentrale Bedingung für Innovationserfolge und baut auf der Vermehrung autonomer Handlungseinheiten sowie auf dem Ersatz von Hierarchie durch Konkurrenz auf. Die Vermehrung autonomer Einheiten bedeutet, dass Abläufe dezentralisiert werden. Wenn Aufgaben nicht von einer zentralen Instanz durchgeführt werden, sondern sich auf Unterorganisationen verteilen, werden oft nicht nur neue Lösungen abseits der Routine ausprobiert, sondern es multipliziert sich automatisch das Lösungsspektrum. Ein Beispiel dafür wäre, wenn verschiedene Projekte zu einem Thema arbeiten. Dadurch erhöht sich die Chance, dass zumindest in einem der Projekte hochwertige Lösungen gefunden werden, was das Hauptziel innovationsorientierter Planung ist. Aber auch die Organisation einer Wettbewerbssituation schafft redundante Lösungen von meist hoher Qualität, da jeder Akteur schließlich aus dem Wettbewerb als Sieger hervorgehen will. Förderlich ist es dabei meist, wenn Lösungen von Einzelpersonen generiert werden, da diese in der Regel ebenso viele Lösungen produzieren, wie Gruppen in der gleichen Zeit und zum anderen Ideen meist unbedachter in die Praxis umsetzen, ohne sie vorher zu zerreden.

Die Integration von Fremdheit

Auf den besonderen Status des Fremden, der sich zwischen Kulturen bewegt und dabei Sichtweisen und Problemwahrnehmungen von einem Milieu in ein anderes transferiert, hatte bereits Georg Simmel hingewiesen. „Weil er nicht von der Wurzel her für die singulären Bestandteile oder die einseitigen Tendenzen der Gruppe festgelegt ist, steht er allen diesen mit der besonderen Attitüde des »Objektiven« gegenüber, die nicht etwa einen bloßen Abstand und Unbeteiligtheit bedeutet, sondern ein besonderes Gebilde aus Ferne und Nähe, Gleichgültigkeit und Engagiertheit ist." (Simmel 1908: 510)

Aufgrund dieser Merkmale hinterfragt der Fremde einerseits alltägliche Problemlösungsstrategien und generiert andererseits neue außerhalb des gängigen Spektrums. Dieses Wissen um die Vorteile von Fremdheit zur Erlangung anderer Sichtweisen auf ausgewählte Probleme macht man sich seit längerem in der räumlichen Planung zunutze, beispielsweise in Form von internationalen Wettbewerben, Workshops und Beiräten, bei denen nicht nur unterschiedliche Kulturen, sondern auch verschiedene Disziplinen aufeinander treffen. Durch fremde Teilnehmer werden dabei etablierte Strukturen und Denkweisen aufgebrochen, was innovative Lösungen zur Folge haben kann. Besonders wichtig ist es dabei, dass der Fremde nicht nur kommt sondern auch bleibt, da dieser das Neue nicht nur denken, sondern bei dessen Umsetzung auch beteiligt sein muss.

Alle drei Strategien helfen somit Netzwerke zu etablieren, mit deren Hilfe Innovationen begünstigt werden können. Nachfolgend wird das Kapitel zur konzeptionellen Verknüpfung der Themenbereiche Innovation und Stadtentwicklung kurz zusammengefasst.

2.5.4 Zwischenfazit I: Innovation und Stadtentwicklung

Eingeleitet wurde dieses Kapitel mit einführenden Erklärungen zur Stadtentwicklung und -planung. Der Begriff der Stadtplanung wurde erläutert, in den Kontext der Stadtentwicklung eingeordnet sowie die Wandlungstendenzen in der Planungspraxis vorgestellt. Anschließend wurden umfangreiche Erläuterungen zum Innovationsbegriff gegeben. In diesem Zusammenhang wurden die Ursprünge der Innovationsforschung dargelegt, der Begriff genauer definiert und mit ihm eng verwobene Termini eingeführt. Zudem wurde aufgezeigt, dass strukturelle Neuerungen nicht immer positiv aufgenommen werden, sondern ihre Institutionalisierung auch mit Widerständen verbunden sein kann, weil etablierte Strukturen dabei zerstört werden. Daran anschließend wurde die Rolle von Innovationen in der modernen Gesellschaft verortet und aufgezeigt, dass die Stadtentwicklung eng mit der kontinuierlichen Produktion neuer Lösungen für neue Probleme verbunden ist, und dass dem Staat in diesem Unterfangen eine wichtige Rolle zukommt. Das Hauptaugenmerk dieser konzeptionellen Darstellung lag weiterhin auf der Illustration der Maßnahmen mit deren Hilfe es wahrscheinlicher wird, dass Innovationen in der Stadt- und Regionalplanung entstehen. Die Ausführungen sollen hier in einer Tabelle zusammengefasst werden (Tab. 1).

Tabelle 1: Die Prinzipien innovationsorientierter Planung

1. Planung durch Verzicht auf (klassische) Planung	2. Charisma oder: Die Organisation von Außeralltäglichkeit	3. Die Organisation lernförderlicher Netzwerke
Vage Ziele: • Mittel und Ziele werden im Prozess eruiert • Leitbilder und Mottos dienen erster Orientierung	Das Fest: • Erwartung an Ungewöhnliches • Mobilisierung von Engagement und Geldleistungen	Subjekt-Subjekt-Interaktionen: • Durch gute Kommunikation auf "Augenhöhe" wird "Expertenwissen der Laien" gewonnen
Oberflächliche Informationen: • Informationsbeschaffung und Konzeptentwicklung laufen als iterative Prozesse parallel	Die Bühne: • Gute Inszenierung löst Begeisterung bei Betrachtern aus, schafft Information und täuscht über negative Begleitumstände hinweg	Steigerung der Verhaltensheterogenität: • Vermehrung autonomer Handlungseinheiten schafft breiteres Lösungsspektrum • Konkurrenzsituationen steigern Motivation und erweitern ebenso das Lösungsspektrum
Revidierbarkeit: • Endgültige Entscheidungen werden so weit wie möglich heraus gezögert, um Handlungsspielräume nicht frühzeitig einzugrenzen	Die Sonderorganisation: • Verwaltungsinterne Inflexibilitäten werden umgangen • Neu gegründete Sonderorganisation sind meist flexibler und motivierter	Die Integration von Fremdheit: • Internationale und interdisziplinäre Fremdheit schafft neue Sichtweisen auf Probleme und evtl. neue Lösungsansätze

Quelle: Eigene Darstellung in Anlehnung an Ibert (2003)

Mit Bezug auf die Frage, mithilfe welcher Prozesselemente sich Innovationen in der Stadtplanung begünstigen lassen, soll festgehalten werden, dass diese Prinzipien kein Garant für das Entstehen von strukturellen Neuerungen sind. Dennoch fördern sie deren Auftreten auf je unterschiedliche Weise.

Im Anschluss an diese konzeptionelle Verknüpfung von Stadtentwicklung/ -planung und Innovation folgt nun die Darstellung des Forschungsvorgehens. Darin werden zunächst das gewählte Untersuchungsdesign sowie das Untersuchungsverfahren vorgestellt, woraufhin abschließend eine kurze Reflexion zum vorgestellten Vorgehen folgt.

3 Forschungsvorgehen

Verwendete Theorie, interessierender Forschungsgegenstand und die erarbeiteten Forschungsfragen bilden in jedem Forschungsprozess idealerweise eine Einheit. Diese Einheit ist leitend für die Wahl der Datenquellen und möglicher Analysemethoden. Die vorliegende Studie hat das Ziel, den Planungsprozess zum Tempelhofer Feld darzustellen und Hinweise auf innovationsfördernde bzw. -hemmende Verfahrenselemente, wie sie in den Prinzipien innovationsorientierter Planung von Oliver Ibert vorgestellt werden, für einen eingegrenzten Zeitraum zu identifizieren.

Im folgenden Kapitel wird daher das zur Erreichung des Forschungsziels genutzte methodische Vorgehen bezüglich des Untersuchungsdesigns, des Auswahlverfahrens, den verwendeten Datentypen sowie den Auswertungsmethoden vorgestellt.

3.1 Forschungsdesign

Vor dem Hintergrund der oben benannten Zielsetzung wurde in einer frühen Phase der Einarbeitung in das Thema deutlich, dass nicht einfach nur der Planungsverlauf analysiert werden darf, um Antworten auf die Forschungsfrage zu erlangen. Viel mehr zeigte sich, dass verschiedene Variablen Einfluss auf den Planungsverlauf haben (Vgl. Kap. 6), weshalb Datenquellen und Auswertungsmethoden so gewählt werden mussten, dass ein ganzheitliches Bild entsteht. Dies sollte beispielsweise auch die am Planungsprozess beteiligten Akteure und deren Interessen als auch eine Verortung des Forschungsgegenstands im Raum einschließen. Vor dem Hintergrund der Fülle an Informationen, die gesammelt werden sollten, fiel die Entscheidung auf die Durchführung einer Fallstudie.

„Fallstudien sind sehr ausführliche und detaillierte Untersuchungen von Einzelfällen" (Behnke, Baur & Behnke 2006: 74), wobei der konkrete Fall alles mögliche, wie z.B. Einzelpersonen, Gruppen aber auch soziale Prozesse oder Situationen, umfassen kann (vgl. Baur & Lamnek 2005: 242 f.). Als Forschungsstrategie zeichnet sich die Einzelfallstudie dadurch aus, dass sie kein spezielles Erhebungs- oder Auswertungsverfahren vorschlägt, sondern viel mehr jegliche Arten von Datenquellen, Erhebungs- und Auswertungsverfahren Verwendung finden, sofern diese einen Beitrag zur Beantwortung der Forschungsfrage liefern können (vgl. Yin 2009: 101). Die genaue Fallabgrenzung erfolgt dabei im Sinne des Erkenntnisinteresses erst im Laufe des Prozesses. Das übergeordnete Ziel ist es, die Beweiskette, also die Verbindung von Forschungsfrage mit dem Material und der Ergebnisdarlegung, klar auf-

zuzeigen. Diesem Prinzip folgend, werden nun die Fallauswahl, die Datenbasis und das gewählte Auswertungsverfahren beschrieben. Das Kapitel abschließend wird eine Reflexion des
Datenmaterials und des methodischen Vorgehens vorgenommen.

3.2 Fallauswahl

Die Fallauswahl, die in dieser Studie bewusst erfolgte, muss in Hinblick auf das spezifische
Erkenntnisinteresse erläutert werden. Wie eingangs dargelegt (vgl. Kap. 2.1) stehen sich die
Themenfelder Stadtentwicklung und Innovation sehr nahe. Innovationen werden eingefordert,
um spezifische Probleme bestimmter Räume zu lösen. Das Tempelhofer Feld ist solch ein
Raum, der stadtentwicklungspolitisch im besonderen Fokus steht, da hier beispielsweise
Raumpionierprojekte Impulse für eine innovative und nachhaltige Stadtentwicklung geben
sollen und in dem weiterhin Innovationen in verschiedenen Projekten forciert werden. Als
eine offene, innerstädtische Fläche bietet es besonderes Potenzial zur Realisierung struktarel-
ler Neuerungen. Vor diesem Hintergrund wird es gelegentlich auch als Experimentierfeld der
Stadtentwicklung bezeichnet (vgl. ddp 2010; o.V. 2008a). Daher erscheint es höchst interessant, die Umstände, mithilfe derer die Innovationen begünstigt werden sollen, genauer zu untersuchen, um so die Möglichkeitsräume der Planungsinstrumente zur Förderung der Innovationsbestrebungen zu erfassen.

3.3 Datenbasis

Die Datenquellen sind so gewählt worden, dass sie dazu dienen, ein ganzheitliches Bild von
der Planung am Tempelhofer Feld zu generieren. Da der Planungsprozess aufgrund eines
starken öffentlichen Interesses im besonderen Maße dokumentiert ist, bietet es sich an, diese
prozessproduzierten Daten als Hauptbestandteil des Analysematerials heranzuziehen. Zu unterscheiden sind dabei prozessproduzierte verbale und prozessproduzierte visuelle Daten, die
Eingang in den Analyseprozess fanden. Bezüglich der prozessproduzierten verbalen Daten
wurden folgende Medien genutzt:

- wissenschaftliche Fachliteratur zu Tempelhof (bspw. Bücher und Zeitschriftenartikel)
- Publikationen der öffentlichen Verwaltungen (bspw. Informationsbroschüren, Websei-
  tenartikel, öffentliche Wettbewerbsausschreibungen, Protokolle, Berichte sowie Bücher der SenStadt)

- Veröffentlichungen der mit dem Planungsprozess verbundenen Institutionen (bspw. Tempelhof Projekt GmbH, Team Ideenwerkstatt Tempelhof sowie verschiedene Organisationen, die die Partizipationsverfahren begleitet haben)
- Zeitschriftenartikel und elektronische Artikel (bspw. aus der Berliner Morgenpost, Berliner Woche, Berliner Zeitung, Der Tagesspiegel, Die Tageszeitung, Die Welt, Spiegel, Süddeutsche Zeitung und Welt Online)
- Internetauftritte und Informationsbroschüren von Initiativen (bspw. Autofrei Wohnen in Tempelhof, Initiative 100% Tempelhof, Mieterladen Chamissoplatz sowie Squat Tempelhof)
- öffentlichkeitswirksame Texte von Politikern (bspw. Koalitionsvereinbarungen, Positionspapiere, Presseerklärungen)

Zusätzlich fanden im Hinblick auf prozessproduzierte visuelle Daten vor allem nachfolgende Medien Eingang in den Forschungsprozess:

- filmische Dokumentationen
- Fotos
- Karten und Pläne

Die verbalen prozessproduzierten Daten dienen einerseits zur Herausarbeitung der Forschungsfragen und können andererseits zusätzlich auch zu deren Beantwortung genutzt werden. Zur Einarbeitung in die Thematik erwiesen sich insbesondere die visuellen Daten als nützlich und sind schließlich auch für die Darstellung der Ergebnisse hilfreich. Weiterhin konnten offene Fragen, die die prozessproduzierten Daten aufgeworfen haben, durch persönliche Gespräche mit Experten beantwortet und darüber hinaus durch weitere Literaturvorschläge vertiefend bearbeitet werden. Zu nennen seien hier Herr Bodenschatz, Herr Hoffmann sowie Frau Polinna, die als Mitarbeiter der Technischen Universität Berlin (TUB) in den Sprechstunden für Fragen zu bestimmten Sachverhalten zur Verfügung standen. Die Gesprächssituation folgte dabei dem Typus einer offenen Befragung, wobei die Fragen ähnlich einem Leitfaden auf Papier notiert waren. Die Inhalte der Gespräche wurden stichpunktartig festgehalten. Zudem wurde ein Telefoninterview mit Ariane Kloos, einer für die Planung und Entwicklung des Tempelhofer Feldes zuständigen Angestellten der Tempelhof Projekt GmbH geführt, wobei auch hier wieder vorbereitete Fragen gestellt werden konnten und die Antworten als Stichpunkte notiert wurden. Nicht öffentlich zugängliches Material zur Gesamtentwicklungsplanung wurde freundlicherweise infolge des Telefonats zur Verfügung gestellt und findet dadurch ebenfalls als bereichernde Quelle in dieser Studie Verwendung.

Schließlich wurden öffentliche Veranstaltungen zur Berliner Stadtentwicklung (z.B.: „Stadtentwicklung nach dem Fall der Mauer" am 23.02.2012 an der Berlin-Brandenburgischen Akademie der Wissenschaften; „Stadtentwicklung in Berlin sieht schwarz-rot" am 18.04.2012 an der TUB), als auch Diskussionsveranstaltungen zu den Planungen am Tempelhofer Feld (z.B.: „Zur Sache: Tempelhofer Freiheit" am 29.02.2012 im Restaurant des Flughafens Tempelhof) besucht. Diese Veranstaltungen dienen vor allem dazu, hinsichtlich der Berliner Planungen auf dem neuesten Stand zu bleiben und den Diskurs diesbezüglich zu verfolgen sowie die Akteurspositionen live zu erleben.

3.4 Auswertungsverfahren

Zur Erstellung der Fallstudie wurde anlehnend an die Vorgehensweisen der Grounded Theory (vgl. Behnke et al. 2006: 334 ff.; Bohnsack, Marotzki & Meuser 2005: 70 ff.) wie auch der Qualitativen Inhaltsanalyse (vgl. Mayring 2002: 114 ff.) wie folgt gearbeitet: Zunächst wurden gemäß dem *Theoretical Sampling* (vgl. Behnke et al. 2006: 198) verschiedene Daten gesammelt, die den Planungsverlauf zum Tempelhofer Feld behandeln. Den darin enthaltenen Textstellen wurden mithilfe der Technik des *„offenen Kodierens"* (vgl. Bohnsack et al. 2005: 73) Kodes zugewiesen, wodurch bisher unverbundene Texte zusammengeführt und erste theoretische Konzepte bezüglich eines innovationsorientierten Planungsverlaufs auf dem Tempelhofer Feld erarbeitet wurden. Anschließend wurde die Datenbasis systematisch erweitert und auch das neue Material hinsichtlich der Indikatoren der bereits erarbeiteten Konzepte untersucht. Die Inhalte des relevanten Materials wurden zusammengefasst (*Zusammenfassung*) (vgl. Mayring 2002: 115), um einen überschaubaren Datenkorpus zu erhalten, der das Grundmaterial dennoch abzubilden vermag. Weiterhin wurden in dieser Phase Unklarheiten, die das bisherige Material hinterlassen hatte, durch eine systematische Erweiterung der Datenbasis geschlossen (*Explikation*) (vgl. ebd.). Schließlich wurden die in den Daten vorgestellten Planungsinstrumente unter der Maßgabe untersucht, inwiefern diese Hinweise auf innovationsfördernde Ansätze geben können und welche Umstände den Planungsverlauf zusätzlich beeinflussen (*Strukturierung*) (vgl. ebd.). Die Ergebnisse dieser Analyse sind in Kapitel 5.2.10 dargelegt.

3.5 Eine Reflexion des Datenmaterials und des methodischen Vorgehens

Da die Analysen dieser Studie primär auf den prozessgenerierten verbalen Daten aufbauen, ist es notwendig, diese einer kritischen Reflexion zu unterziehen. Auch wenn diese Daten als nicht reaktiv gelten, da sie als Nebenprodukte realweltlicher Prozesse oder Situationen entstanden sind (vgl. Behnke et al. 2006: 273), muss man sich dennoch vergegenwärtigen, dass sie zu einem bestimmten Zweck verfasst wurden und demnach nicht als objektiv behandelt werden können. So fällt beispielsweise auf, dass der Planungsverlauf in den Quellen der Sen-Stadt stets positiv, im Sinne eines „das war so beabsichtigt", dargestellt wird. Vor allem bezüglich der verschiedenen Partizipationsverfahren rühmt man sich mit den zusätzlichen Informationen, die diese hervor gebracht hätten und beteuert, dass diese auf das weitere Planungsverfahren Einfluss nehmen. In verschiedenen Zeitungsartikeln werden diese Partizipationsverfahren hingegen scharf kritisiert und dabei sowohl der Informationsgewinn als auch deren weitere Verwendung durch die SenStadt in Frage gestellt. Mit diesen Positionen gilt es sich im Forschungsprozess kritisch auseinander zu setzen, um der ‚Wahrheit' zwischen den Zeilen ein wenig näher zu kommen. Sicherlich könnten auch zusätzliche Interviews den Erkenntnisgewinn bezüglich bestimmter Forschungsfragen erhöhen. Zu nennen wären hier beispielsweise die in Kapitel 4.3 vorgestellten Akteure und deren Interessen, die in Einzelgesprächen detaillierter erfasst werden könnten. Allerdings ist schnell klar geworden, dass dies in Anbetracht der bereits identifizierten Akteure (mehr als 20 verschiedene Positionen sind ermittelt worden – weitere könnten sich ergeben) den Rahmen dieser Studie, insbesondere zeitlich, bei weitem überschreiten würde. Aus pragmatischen Gründen wurde daher auf dieses Datenformat verzichtet. Hinsichtlich der Erkenntnisse, die aus der hier vorliegenden Fallstudie resultieren, sei weiterhin darauf hingewiesen, dass eine Verallgemeinerung aufgrund der bewussten Fallauswahl nicht möglich, jedoch auch nicht das Ziel dieser Untersuchung ist. Vielmehr wird ein vertieftes Verständnis des Einzelfalls angestrebt, was wiederum die pragmatische Wahl der Auswertungstechniken begründet.

Nachdem bisher das Forschungsvorgehen aufgezeigt wurde, wird im folgenden Kapitel das Fallbeispiel detailliert vorgestellt.

4   Das Tempelhofer Feld

Im Folgenden wird das Fallbeispiel dieser Studie vorgestellt. Zunächst soll ein kurzer histori-
scher Abriss dazu dienen, die Entstehungsgeschichte des Feldes und dessen Werdegang zu
verstehen. Anschließend wird das Tempelhofer Feld stadträumlich verortet und eine soziostrukturelle Beschreibung der angrenzenden Quartiere geleistet. Ferner werden die Akteure
und deren Interessen vorgestellt, die bei der Zukunftsgestaltung des Feldes mitwirken.

4.1   Vom Acker zum Flugfeld: die Geschichte eines Feldes

Das Waldgebiet Templerhof, das seinen Namen dem Templerorden zu verdanken hat, wurde
im Jahr 1351 erstmals urkundlich erwähnt. Der Templerorden war ein bedeutender Ritteror-
den aus der Zeit der Kreuzzüge (vgl. Trunz 2008: 10). Nachdem ein Großteil des Waldes ab-
geholzt wurde, diente die Fläche als Weide- und Ackerland und sollte dieser Nutzungsbe-
stimmung auch bis in das 19. Jahrhundert treu bleiben.

Im Jahre 1701 erlangte Berlin, infolge der Krönung Friedrichs I. zum König von Preußen, die
Stellung der preußischen Hauptstadt. Dadurch wurde auch das südlich der Residenzstadt gelegene Tempelhofer Feld für die Obrigkeit interessant und verstärkt für Truppenparaden der
Berliner Garnison genutzt (vgl. ebd.). Die Bauern ließen hierfür ihre Felder bis zum 24. Mai
eines jeden Jahres unbestellt, erhielten allerdings auch eine finanzielle Entschädigung, um
ihre Einbußen zu kompensieren.

1828 kaufte schließlich der preußische Staat den ortsansässigen Bauern das Feld offiziell ab,
um es für die nächsten 90 Jahre als Exerzier- und Paradeplatz der Berliner Garnison zu nutzen.
Aber auch für Erholungs- und Freizeitsuchende bekam das „letzte große Freigelände in der
Innenstadt" (Meuser 2000: 28) eine immer größere Bedeutung, da es nach 1871 in der sich
entwickelnden Mietkasernenstadt (vgl. zum Begriff der Mietkasernenstadt: Bodenschatz
2011a) immer enger wurde.

Mit Beginn der 1880er erfuhr das Tempelhofer Feld eine weitere spektakuläre Nutzungsform,
die tausende Berliner anlockte: es wurde zum Schauplatz erster flugtechnischer Experimente.
Nachdem zunächst Ballons und später Luftschiffe mit ersten Testflügen den Traum vom Fliegen anheizten, folgte im Jahr 1909 der amerikanische Flugpionier Orville Wright, der zwei
Weltrekorde[13] mit gesteuerten Motorflügen auf dem Feld verzeichnen konnte. Daraufhin ver-

---

[13] Wright stellte mit 172 m einen neuen Höhenflugrekord auf und schaffte am darauf folgenden Tag einen Dauerflugrekord von 35 min.

öffentlichte der Ansiedlungsverein Groß-Berlin in einem Flugblatt die Idee, das Gelände für Ausstellungszwecke – dies beinhaltete auch Vorführungen der Luftschifffahrt – und Volksfeste zu nutzen. Dies kollidierte jedoch mit den Plänen des Militärfiskus und der Gemeinde, die auf dem Gelände Wohnungen errichten wollten. Dieses Vorhaben – die Errichtung von Wohnungen – wurde zumindest ansatzweise besiegelt, da der Militärfiskus den westlichen Teil des Feldes (ca. 145 ha) ein Jahr später an die Tempelhofer Feld-Aktiengesellschaft für Grundstücksverwertung für eine enorme Summe von 72 Millionen Goldmark abtrat (vgl. Papke 2012). Dieser staatliche Spekulationsakt avancierte aufgrund des hohen Verkaufspreises zu einem „Politikum ersten Ranges" und der Staat musste von allen Seiten Kritiken einstecken (vgl. Bodenschatz & Engstfeld 1995: 268).

4.1.1 Die Mutter aller Flughäfen

Ein starker Rückgang der allgemeinen Bautätigkeit infolge der durch den Versailler Vertrag auferlegten Reparationszahlungen als auch die darin vereinbarte Abrüstung des Militärs ließen eine Wohnnutzung sowie die Weiternutzung des restlichen Feldes als Exerzierplatz in weite Ferne rücken. Diese Situation nutzte der Berliner Stadtbaurat für das Verkehrswesen, Leonhard Adler, um auf die Realisierung eines Berliner Zentralflughafens auf eben jenem Gelände zu drängen. Zudem waren die provisorischen Flugplätze in Staaken und Johannisthal der steigenden Nachfrage längst nicht mehr gewachsen, wodurch er seinem Anliegen Nachdruck verleihen konnte. Kurze Zeit später wurde das brachliegende Exerzierfeld eingeebnet. Am 08. Oktober 1923 wurde schließlich der erste Verkehrsflughafen der Welt, der „Flughafen Berlin" (vgl. Abb. 1) relativ zentral auf dem Tempelhofer Feld, nach nur einjähriger Bauzeit eröffnet.

Abbildung 1: Das Flughafengebäude des ersten Verkehrsflughafens der Welt (1923)

Quelle: Schmitz (1997)

Der britische Architekt Norman Foster bezeichnete den Flughafen daher später als „Mutter aller Flughäfen" (vgl. Kellerhoff 2008). In den Folgejahren errichteten Paul Mahlberg und Heinrich Kosina drei Flugzeughallen und Paul und Klaus Engler realisierten ein Abfertigungsgebäude. Der Architekturkritiker Werner Hegemann merkte jedoch in Anbetracht der rasanten Entwicklung des Luftverkehrs bereits vor deren Fertigstellung an, dass es sich wohl nur um provisorische Neubauten handeln könne (vgl. Meuser 2000: 31). Diese Vermutung sollte sich bewahrheiten, denn bereits nach der Fertigstellung der Abfertigungshalle im Jahre 1929 war Tempelhof zum Verkehrsknotenpunkt der Luftfahrt avanciert und die maximalen Fluggastkapazitäten bei weitem überschritten. Aber nicht nur die steigenden Passagierzahlen sondern auch ein weiterer Umstand sollte das Tempelhofer Feld in den 1930er Jahren prägen.

Infolge der Machtübernahme der Nationalsozialisten im Sommer 1933 wurden umfangreiche Pläne zur Umgestaltung Berlins zur Welthauptstadt Germania erarbeitet. Ein Element dieser Planungen war der Neubau des Flughafengebäudes, wofür Ernst Sagebiel 1935 vom Reichsluftfahrtministerium den Auftrag erhielt. Als Manifestation des nationalsozialistischen Herrschaftsanspruchs sollte eine Anlage entstehen, die Kapazitäten von sechs Millionen Fluggästen pro Jahr bewältigen könne, eine Idee für die es international keine Vorbilder gab. Hierfür wurde eine komplett neue Anlage im Nordwesten des Feldes errichtet (vgl. Abb. 2). Den Grundriss bildete ein „überdimensionierter Kleiderbügel", der mit dem Haupteingang axial auf den Kreuzberg ausgerichtet war und sich in einem viertel Kreis nach Südosten zum Flugfeld öffnete. Der Haupteingang an der Kreuzung Columbia- und Tempelhofer Damm leitete durch das imposante Eingangsgebäude in den 1,3 km langen Flugsteig- und Wartungsbereich über.

Abbildung 2: Neuer (links) und alter Flughafen (mitte)

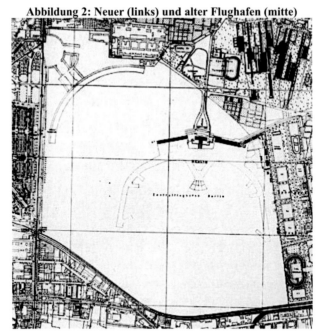

Quelle: Schmitz (1997)

Damit war Tempelhof seinerzeit das größte Gebäude der Welt. Eine ingenieurtechnische Meisterleistung war die stützenfreie, vierzig Meter ausladende Kragkonstruktion über dem Flugsteig. Aber auch die Erschließung sowie die innere Organisation verschafften Tempelhof den Titel des modernsten Flughafens in Europa und sollten richtungsweisend für weitere Flughafenprojekte sein. Nachdem der Rohbau 1937 fertiggestellt war, verzögerte sich der Weiterbau durch den einsetzenden Krieg und wurde 1943 endgültig eingestellt. Bis Kriegsende nahm man den Flughafen nicht in Betrieb, sondern nutzte ihn für die Rüstungsproduktion, wobei die nördlich des Feldes inhaftierten Zwangsarbeiter für die Produktion von Sturzkampfflugzeugen eingesetzt wurden. Aufgrund der massiven Bauweise konnte das Gebäude den Bombenangriffen weitgehend trotzen, während das alte Flughafengebäude vollständig zerstört wurde. Mit Ende des Krieges im Mai 1945 fiel das Areal zunächst der Sowjetunion in die Hände, wurde nach der Aufteilung Berlins in vier Sektoren aber an die Amerikaner übergeben. Diese nutzten das Gebäude vorerst militärisch und beseitigten die meisten Kriegsschäden.

4.1.2 Tempelhof: die Nabelschnur Westberlins in den Jahren 1948/49

Da Berlin vollständig in der sowjetischen Besatzungszone lag und daher nach sowjetischem Verständnis ihnen gehörte, kam es im Juni 1948 zur Blockade der Land- und Wasserwege. Hierdurch wurde Westberlin von jeglicher Versorgung abgeschnitten und die Westalliierten sollten zum Abzug gezwungen werden. Diese reagierten jedoch mit einer Luftbrücke, um die Westberliner Bevölkerung mit lebenswichtigen Gütern zu versorgen und landeten im Minutentakt auf dem Gatower, dem Tegeler und dem Tempelhofer Flughafen. Die Luftbrücke avancierte in der westlichen Welt zum Symbol der Freiheit (vgl. Senatsverwaltung für Stadtentwicklung 2010f: 68). Die Blockade wurde schließlich im Mai 1949 durch die Sowjetunion beendet.

4.1.3 Wechselvolle Nachkriegsjahre

Erst 1950 wurde ein Teil des Flughafens für die zivile Luftfahrt freigegeben. In den Folgejahren entwickelte sich der Flughafen für die Westberliner zum „Tor zur Welt" (Schmitz 1997) und stieß mit rund 6 Millionen Fluggästen pro Jahr erneut an die Kapazitätsgrenzen. Daran konnte sowohl die Sanierung der großen Abfertigungshalle als auch der Ausbau der Landebahnen nichts ändern. Außerdem verlangte das anbrechende Düsenzeitalter längere Pisten, weshalb sich der Westberliner Senat dazu entschied, die Pisten des Flughafens Tegel auszubauen und Tempelhof für den zivilen Flugverkehr zu schließen. Er blieb allerdings während des kalten Krieges weiterhin Militärflughafen der US Air Force, bis der zivile Flugverkehr im Jahr 1982 in kleinem Umfang wieder aufgenommen wurde.

Infolge der Wiedervereinigung kam es erneut zu einem stetigen Anstieg der Fluggastzahlen, allerdings dieses Mal in Tegel, wodurch die vollständige Reaktivierung Tempelhofs als Regional- und Ergänzungsflughafen erforderlich wurde. Im Folgejahr übergaben die Amerikaner den Flughafen an die Berliner Flughafen Gesellschaft und räumten anschließend das Gelände. Trotz kontinuierlich steigender Passagierzahlen wurde der Betrieb von drei Flughäfen vom Berliner Senat als unwirtschaftlich bewertet, weshalb im Konsensbeschluss die Schließung der Flughäfen Tegel und Tempelhof besiegelt wurde (vgl. ebd. 128 ff.).

Diese wechselvolle Vergangenheit und besonders die Erinnerung der Westberliner an die Zeit der Berliner Luftbrücke erklären zu einem großen Teil die enorme emotionale Bindung vieler Bürger an ihren innerstädtischen Flughafen. Allerdings führt dies auch vor Augen, dass eine Umnutzung des Areals keine leichte Angelegenheit sein kann und möglicherweise mit Protesten der Befürworter einer Flughafennutzung verbunden ist. Es scheint daher als würde die

SenStadt diesen Verlust durch das Versprechen an eine besondere Nachnutzung, beispielsweise in Form eines innovativen Parks (vgl. Kap. 5.2.9) von besonderer Qualität, der allen Spaß- und Freizeitsuchenden enorme Potenziale bietet, lindern wollen.

Im folgenden Abschnitt wird das Feld im Stadtgebiet verortet, um daran anschließend die multiplen Interessen unterschiedlichster Akteure im Aushandlungsprozess um die Zukunft des Tempelhofer Feldes zu skizzieren.

4.2 Stadträumliche Verortung und soziostrukturelle Beschreibung der angrenzenden Quartiere

Das Tempelhofer Feld liegt nicht irgendwo in Berlin. Es befindet sich im „stadtregionalen Kraftdreieck" (vgl. Bodenschatz 2011b: 10), einem fiktiven Dreieck, gelegen zwischen Berlin Mitte, dem Flughafen Berlin Brandenburg und Potsdam. Dieser Bereich befindet sich aufgrund der Existenz zahlreicher wissenschaftlicher Institutionen, dem Vorhandensein herrschaftlicher Wohngebiete, dem anhaltenden Ansteigen der Einzelhandelskapazitäten und der bevorstehenden Öffnung des Flughafen Berlin Brandenburg stadtregional gesehen im Auftrieb. Zudem avanciert er aufgrund der genannten Merkmale zu einem bedeutenden Strategieraum der Berliner Stadtentwicklung (vgl. ebd.; Senatsverwaltung für Stadtentwicklung 2009a: 31). Aufgrund dieser geografisch bedeutenden Lage wird dem Tempelhofer Feld vom Berliner Senat große Bedeutung beigemessen, und man versucht es zu einem „gesunden, zukunftsfähigen, kreativen und lebendigen Stadtteil zu entwickeln" (Senatsverwaltung für Stadtentwicklung 2009a: 32). Daher ist es auch einer der Schwerpunkträume des Planwerks Innere Stadt und wird so zu einem Ort erklärt, an dem sich die stadtplanerische Tätigkeit in den kommenden Jahren bündeln wird (vgl. Lüscher 2010: 248). Um die Integration des Feldes in die benachbarten Gebiete zu gewährleisten, ist es jedoch notwendig, das 386 ha große Feld an den verschiedenen Seiten mit dem Umfeld zu vernetzen, da es bisher weitgehend isoliert im Stadtgebiet liegt.

Abbildung 3: Angrenzende Quartiere

Quelle: Senatsverwaltung für Stadtentwicklung (2010f)

So grenzt das Feld im Westen an das bürgerliche Tempelhof-Schöneberg (vgl. Abb. 3), das sich durch eine Blockrandbebauung und eine dahinter liegende, weitgehend versteckte Gartenstadt mit niedriger Bebauung auszeichnet. Eine Barriere zwischen Feld und angrenzendem Gebiet bildet der stark befahrene Tempelhofer Damm ebenso wie das große Flughafengebäude.

Weiterhin begrenzt diese bauliche Monumentalfigur die nördliche Verbindung zum kreativ-touristisch geprägten Bergmannkiez im Bezirk Friedrichshain-Kreuzberg. Aber auch eine Friedhofsanlage, ein Regenrückhaltebecken, eine Kasernenanlage, Sportanlagen, der ebenfalls stark befahrene Columbiadamm und der Volkspark Hasenheide erschweren eine Anbindung des Tempelhofer Feldes an das nördliche, überwiegend durch gründerzeitliche Blockrandbebauung geprägte Umfeld.

Einen weiteren „undurchdringlichen Panzer" (Bodenschatz & Engstfeld 1995: 274) bilden die südlich des Feldes gelegene Auto- und Bahntrasse, da sie die Anbindung an den Bezirk Tempelhof-Schöneberg erschweren. Der südliche Bereich zeichnet sich durch eine weniger dichte Blockrandbebauung und z.T. gewerbliche Nutzungen aus.

Die nördlich, südlich und westlich an das Feld angrenzenden Gebiete werden laut Gesamt-Index des „Monitoring Soziale Stadtentwicklung" (vgl. Abb. 4, die dicken, schwarzen Linien markieren die Bezirksgrenzen), der sich u.a. aus Indikatoren wie Arbeitslosigkeit und Migrationshintergrund zusammensetzt, als durchschnittlich bewertet.

Abbildung 4: Sozial-Monitoring 2010 für den Bereich des Tempelhofer Feldes

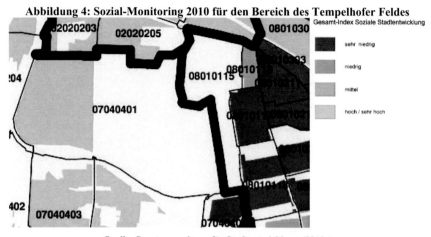

Quelle: Senatsverwaltung für Stadtentwicklung (2010a)

Anders stellt sich die Situation an der östlichen Grenze des Tempelhofer Feldes dar. Die „Neuköllner Kante" ist lediglich durch eine ruhige Wohnstraße vom Tempelhofer Feld getrennt. Dieser Bereich besticht durch eine baulich attraktive Blockrandbebauung bei jedoch hoher Einwohnerdichte. Ein Blick auf den Gesamt-Index des „Monitoring Soziale Stadtentwicklung" verdeutlicht, dass dieses Gebiet mit starken sozialen Problemen zu kämpfen hat.

Es wird somit deutlich, dass Entwicklung und Anbindung des Tempelhofer Feldes in die angrenzenden Bezirke zwar vom Senat gewünscht ist, da das Gebiet einen zentralen Ort der Berliner Stadtentwicklung darstellt, jedoch ist die praktische Vernetzung des Areals mit den umliegenden Bezirken als durchaus problematisch anzusehen. Während die nördlich, westlich und südlich angrenzenden Gebiete mit durchschnittlicher Sozialstruktur mehr oder weniger erhebliche Barrieren aufweisen, kann der östliche Bereich mit erhöhten sozialen Problemen die beste Anbindung an das Feld gewährleisten. Ein naheliegender Schluss wäre daher, zunächst die geplante Wohnbebauung im östlichen Teil des Feldes zu realisieren, da hier neben der guten Anbindung vor allem eine Aufwertung des Bereichs Nord-Neukölln gewährleistet werden könnte. Mit Bezug auf das Thema dieser Studie wird allerdings schnell klar, dass es bei der Neubebauung nicht allein um hochwertige Stadtvillen oder ähnliche Projekte gehen kann, da dies eine Verdrängung der finanzschwachen Bevölkerung zur Folge hätte. Vielmehr sollte ein innovativer, sozialer Wohnungsbau unter Einbezug der späteren Bewohner umgesetzt werden, um nicht nur die Mieten niedrig zu halten, sondern auch auf die spezifischen Bedürfnisse der Menschen eingehen zu können. Zudem könnten durch „Leuchtturmprojekte der sozialen und kulturellen Infrastruktur Impulse" (Polinna 2010) für das bisher sozial abge-

40

schlagene Gebiet forciert werden. Mit Rückbezug auf die Frage nach der Rolle des Umfelds bei der Realisierung (innovationsorientierter) raumbezogener Planungen wird somit deutlich, dass diese immer einen Blick auf die angrenzenden Quartiere beinhalten und an deren Bedürfnisse angepasst sein müssen. Hierfür ist selbstverständlich eine umfangreiche Evaluation erforderlich, bei der verschiedene Akteure einbezogen werden müssen, um anschließend erfolgsversprechende Impulse setzen zu können. Denn im Kern sollte es nicht um die Realisierung eines innovativen Projektes allein für das Tempelhofer Feld gehen, sondern um die Suche nach neuartigen Lösungen, die dem Gebiet als auch den angrenzenden Quartieren zugute kommen.

Wie jedoch beispielsweise die Bewohner, als auch die Vertreter des Bezirks Neukölln zu einer Realisierung städtebaulicher Projekte am östlichen Teil des Feldes stehen und inwiefern sie ihre Bedürfnisse im Planungsprozess berücksichtigt fühlen, wird im nachfolgenden Kapitel beleuchtet.

4.3   Das Spannungsfeld der Interessen

Mit Blick auf die im Zuge dieser Studie ermittelten Akteure (vgl. Abb. 5), die sich bei der Zukunftsgestaltung des Tempelhofer Feldes engagieren, könnte man die Behauptung aufstellen, dass die Größe der Fläche in etwa mit der Anzahl an unterschiedlichen Personen und deren Interessen korrespondiert.

Abbildung 5: Ermittelte Akteure im Aushandlungsprozess um die Zukunft des Tempelhofer Feldes

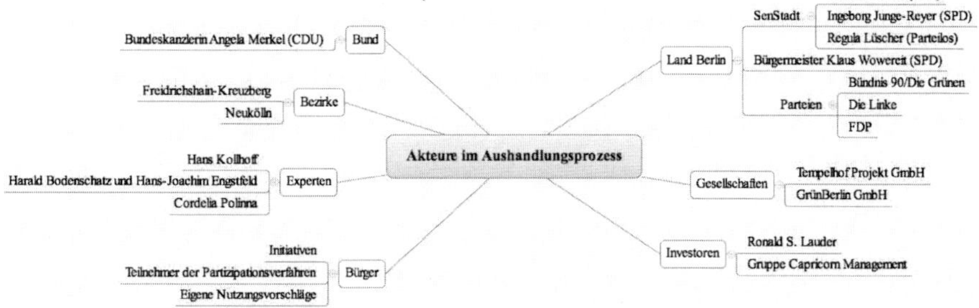

Quelle: Eigene Darstellung

Bei der Betrachtung der Akteurskonstellationen muss allerdings zwischen zwei verschiedenen Phasen unterschieden werden, in denen diese Interessen aufeinander prallten. Eine Auswahl der Akteure beider Auseinandersetzungen sowie ihre Positionen sollen im Folgenden kurz vorgestellt werden.

4.3.1 Positionen im Kontext der Schließung des Tempelhofer Flughafens

Zum einen gab es eine Auseinandersetzung zwischen verschiedenen Akteuren bezüglich der Beendigung des Luftverkehrs versus einer möglichen Weiternutzung des innerstädtischen Flughafens. Die wesentlichen Akteure dieses Diskurses waren Einzelpersonen, die sich zu Interessengemeinschaften zusammenschlossen. Aber auch innerhalb der politischen Parteien spaltete das Thema die Akteure in zwei Lager. Ihre Positionen werden im Folgenden kurz vorgestellt.

Bürgerinitiativen

Um gegen den ansteigenden Fluglärm des sich erneut etablierenden Flughafens Berlin Tempelhof zu positionieren, wurde im Jahr 1986 die Bürgerinitiative Flughafen Tempelhof gegründet. Die Mitglieder forderten aus gesundheitlichen Gründen die Stilllegung des Flughafens Tempelhof (vgl. Lehmann 2008).

Allerdings kam auch aus entgegengesetzter Richtung immer mehr Wind auf, da sich die Zeichen für eine Schließung des Flughafens verdichteten – hierzu gehört der geänderte Flächennutzungsplan von 1994, der eine Umwidmung des Flughafens in einen Park mit Gewerbe-, Sport-, Wohn- und Sonderflächen vorsah, als auch die Debatte um einen Flughafen Berlin Brandenburg International (BBI). Daher bildete sich 1995 die Interessengemeinschaft City-Airport Tempelhof (ICAT), um gegen die Schließung des Flughafens zu protestieren. Unterstützt wurde diese Initiative durch die Aktionsbündnisse Pro Tempelhof und Be-4-Tempelhof. Den Höhepunkt dieser Koalition bildete das Volksbegehren des Jahres 2006, das in einen Volksentscheid im Jahre 2008 mündete. Bei diesem Volksentscheid stimmten zwar 60,1 % der Wähler, die vorwiegend aus den Flughafen angrenzenden Bezirken kamen, für den Erhalt des Verkehrsflughafens, jedoch wurde die benötigte Wahlbeteiligung von 25 % zur Annahme des Beschlusses nicht erreicht. Unter dieser Prämisse lösten sich die ICAT wieder auf, während die Initiativen Be-4-Tempelhof und Pro Tempelhof zwar kurzfristig in der Versenkung verschwanden, wenig später jedoch mit überarbeitetem Programmen erneut mobil machten.

Politiker

Nicht nur in der Bevölkerung, auch in der Politik herrschte Uneinigkeit über die Stilllegung des innerstädtischen Flughafens. Nachdem im Jahre 1996 die Errichtung des Flughafens Schönefeld im Konsensbeschluss durch den Regierenden Bürgermeister des Landes Berlin, Eberhard Diepgen (CDU), den Ministerpräsidenten des Landes Brandenburg, Manfred Stolpe (SPD) und Matthias Wissmann als Vertreter der Bundesregierung (diese war Miteigentümerin des Flughafens Tempelhof) beschlossen wurde, entbrannte ein Streit zwischen den Berliner Koalitionspartnern CDU und SPD. Wider Erwarten war, trotz der Unterzeichnung des Konsensbeschlusses durch einen christdemokratischen Berliner Bürgermeister, die CDU gegen die Schließung des Tempelhofer Flughafens, während sich die SPD dafür aussprach. Daher unterstützte die Berliner CDU zusammen mit der FDP emsig das von der ICAT initiierte Volksbegehren, da der Flughafen in ihren Augen vor allem eine wirtschaftspolitische Bedeutung hätte (vgl. Neumann 2006). Die SPD, die Linke und Bündnis 90/Die Grünen lehnten dagegen die Forderungen des Volksbegehrens aus wirtschaftlichen und gesundheitlichen Gründen ab (vgl. Horning 2008). Somit avancierte Tempelhof vor allem zwischen den Koalitionspartnern CDU und SPD zu einem „politischen Zankapfel" wie Philipp Meuser (2000: 13 ff.) dies treffend beschreibt.

Dieser Konflikt zog sich hoch bis in die allerhöchsten Ämter und wurde schließlich auch zu einem Streitthema zwischen dem seit 2001 regierenden Berliner Bürgermeister, Klaus Wowereit (SPD), und der seit 2005 amtierenden Bundeskanzlerin Angela Merkel (CDU). Während Klaus Wowereit beständig auf die Schließung des Tempelhofer Flughafens beharrte, um die Zukunft des Flughafens Berlin Brandenburg nicht zu gefährden (vgl. o.V. 2008b), ergriff Merkel mit nahendem Volksentscheid das Wort und erinnerte an die wirtschaftliche und historische Bedeutung des Ortes und forderte alle Berliner auf, gegen die Schließung zu stimmen. Allen Widerständen zum Trotz wurde der Flughafen schließlich am 30.10.2008 geschlossen.

4.3.2 Positionen im Kontext einer möglichen Folgenutzung des Flughafens

Während die Akteure und deren Interessen im Zusammenhang mit der Schließung Tempelhofs noch weitgehend überschaubar waren, differenzieren sich diese mit Blick auf den aktuellen Diskurs bezüglich einer möglichen Folgenutzung stärker aus.

Das Land Berlin und die Senatsverwaltung für Stadtentwicklung und Umwelt

Hier gibt es beispielsweise das Land Berlin, das seit September 2009 alleiniger Eigentümer des Flughafengeländes (mit Ausnahme eines 80 x 80 m großen Bereichs um den Radarturm) und des -gebäudes ist. Vertreten werden die Interessen des Landes durch die Berliner Sen-Stadt, die die Freifläche in „eine öffentlich erschlossene, vielseitig nutzbare und strukturierte urbane Parklandschaft" (Tempelhof Projekt GmbH 2010a) mit Baufeldern für neue Stadtquartiere an den Rändern und das Flughafengebäude zu einem Ort für Kreative und Großveranstaltungen umwandeln will. Weiterhin soll das Feld mithilfe unterschiedlichster Maßnahmen in die angrenzenden Quartiere integriert werden (vgl. Tempelhof Projekt GmbH 2010i). Auch wenn es in keinem der offiziellen Dokumente explizit artikuliert wird, liegt ein Interessenschwerpunkt wohl auch auf der gewinnbringenden Veräußerung der Baugrundstücke, um das Gesamtprojekt zu finanzieren und evtl. auch den angeschlagenen Berliner Landeshaushalt zu konsolidieren (vgl. Meuser 2000: 24). Den Auftrag zur Gesamtentwicklung des Standortes hat die SenStadt im Juni 2009 an die Adlershof Projekt GmbH (die spätere Tempelhof Projekt GmbH) übertragen, die dies in Kooperation mit der Grün Berlin GmbH umsetzt.

Die Grün Berlin GmbH und die Tempelhof Projekt GmbH

Die Grün Berlin GmbH verfolgt den Auftrag, die Freiflächen des Tempelhofer Feldes zu verwalten und die Entwicklung der Parklandschaft voranzutreiben. Bislang ist diese gemeinnützige, landeseigene Gesellschaft kaum in den Vordergrund getreten. Anders ist dies bei der ebenfalls landeseigenen Tempelhof Projekt GmbH. Deren Geschäftsführer, Gerhard W. Steindorf, strebt an, das ausgesetzte Flächennutzungsverfahren weiter zu führen, um zeitnah das Planungsrecht für die beabsichtigte Entwicklung zu schaffen. Wenn es nach ihm ginge, sollten sich die ersten Kräne im Jahr 2015 drehen (vgl. Gundlach 2011c).

Berlins regierender Bürgermeister: Klaus Wowereit

Auch Klaus Wowereit engagiert sich, nachdem sein Hauptziel, die Schließung des Flughafen Tempelhofs erreicht wurde, weiterhin bei der Zukunftsgestaltung des Tempelhofer Feldes. Hierzu gehört ein hinter verschlossenen Türen abgeschlossener Zehnjahresvertrag mit der Modemesse Bread and Butter, wofür er reichlich Kritik von Seiten der Politik als auch der Öffentlichkeit einstecken musste (vgl. Beikler & Oloew 2009). Damit nicht genug, denn auch das aktuell von Wowereit unterstützte Mammutprojekt der Zentral- und Landesbibliothek (ZLB), die am westlichen Rand des Tempelhofer Feldes errichtet werden soll, spaltet die Beobachter des Entwicklungsprozesses in zwei Lager.

Der Senator für Stadtentwicklung und Umwelt: Michael Müller

Unterstützung bekommt Wowereit von dem neuen Senator für Stadtentwicklung und Umwelt, Michael Müller (seit Dezember 2011 im Amt), der versichert, dass die ZLB in den nächsten Jahren kommen werde. Abgesehen von der ZLB stellt Müller viele weitere Planungen, die seine Behörde in der Vergangenheit erarbeitet hat, in Frage und betont, dass diese noch mal genau geprüft werden müssen (vgl. Schönball 2012).

Die ehemalige Senatorin für Stadtentwicklung und Umwelt: Ingeborg Junge-Reyer

Die frühere Stadtentwicklungssenatorin positionierte sich für die Umwandlung des Tempelhofer Feldes in einen öffentlichen Park, hat wesentlich an der Ausrichtung einer Internationale Gartenbauausstellung (IGA) auf dem Areal mitgewirkt und ließ den internationalen Wettbewerb zur Gestaltung der Parklandschaft ausschreiben (vgl. Dombrowski 2011). Somit wird deutlich, dass sie vor allem an der Gestaltung der Parklandschaft wesentliches Interesse zeigte und sich hierfür auch stark machte.

Die Senatsbaudirektorin: Regula Lüscher

Die Senatsbaudirektorin setzt sich für den Dialog in der Stadtentwicklung ein („Wenn jemand für Dialog steht, dann bin ich das. Und die Dialogkultur bringt Baukultur" (vgl. Regula Lüscher im Interview mit dem Tagesspiegel am 07.04.2011)). Ihr Hauptinteresse besteht darin, die Entwicklung des Tempelhofer Feldes im Rahmen einer IBA voranzutreiben, weshalb sie an der Erarbeitung des IBA-Konzepts wesentlich beteiligt war (vgl. Gundlach 2011d).

Nachdem bisher die Haltungen der mit dem Land verwobenen Institutionen und Akteure vorgestellt wurden, sollen nun die Interessen der zivilgesellschaftlichen Akteure benannt werden.

Bürgerinitiativen

Kritisiert werden die Bebauungspläne, als auch die IBA und die IGA vor allem von Anwohnern der angrenzenden Quartiere, Neukölln und Friedrichshain-Kreuzberg, die gravierende Gentrifizierungsprozesse[14] befürchten und sich daher als Einzelpersonen als auch organisiert in Initiativen gegen die Planungen der SenStadt aussprechen. Beispiele solcher Verbände sind die Initiative 100% Tempelhof, die die geplante Bebauung als auch die Privatisierung des Geländes ablehnt und das Feld mithilfe eines Volksentscheides in seiner jetzigen Gestalt zu belassen versucht (vgl. Köster 2011). Ähnliche Ziele verfolgen die Initiativen Pro Tempelhof

---

[14] Gentrifizierung meint den „durch aufwändige Investitionen in altem Baubestand induzierten sozialen Wandel der Bewohnerschaft eines Quartiers" (Häußermann & Siebel 2004: 130), wodurch die bisherige Bewohnerschaft verdrängt und ein neuer Verwertungszyklus geschaffen wird.

und Be-4-Tempelhof, die sich in der Vergangenheit gegen die Schließung des Flughafens aussprachen, sich nun aber gegen jegliche Bebauung zur Wehr setzen. Letztere Initiative hatte weiterhin zusammen mit der Initiative für ein Weltkulturerbe Tempelhof im Juni 2009 einen Bürgerentscheid initiiert, mit deren Hilfe das Denkmal Flughafen Tempelhof als Weltkulturerbe geschützt werden sollte. Da der Bürgerentscheid erfolgreich war (37,9% Wahlbeteiligung bei 65,2% Zustimmung und einem Quorum von 15 %), hatte er die Rechtskraft eines Beschlusses der Bezirksverordnetenversammlung (vgl. Kögel 2009). Weiterhin gibt es linke Initiativen, wie Squat Tempelhof, die bereits mehrfach zur Besetzung des Feldes aufriefen, um gegen den Alleingang der SenStadt bei Entscheidungsprozessen zu demonstrieren.

Einzelpersonen

Neben diesen doch überwiegend planungsdestruktiven Initiativen gibt es allerdings auch zahlreiche Einzelpersonen, die die von der SenStadt angebotenen Partizipationsverfahren nutzen, um ein Wort in der Planung mitreden zu können oder sich mit eigenen Plänen und Entwürfen in die zukünftige Gestaltung des Tempelhofer Feldes einbringen. Zu Letzteren zählen beispielsweise Privatleute wie Martin Brosch und Izaak Rispens, die das Tempelhofer Feld in einen „Tempelhofer See mit umgebender Parklandschaft" (Schoelkopf 2010) verwandeln wollen. Ähnliche Ideen gibt es viele von unterschiedlichen zivilgesellschaftlichen Akteuren. Diese reichen von einem Campingplatz inmitten der Stadt, über eine Formel 1-Rennstrecke bis hin zu einer Flugfeldsteppe für Wisente, Wildpferde und Schafe (vgl. Heller & Stintz 2009).

Experten

Zudem schlagen zahlreiche Experten unterschiedliche Nachnutzungskonzepte vor, wobei im Folgenden nur eine kleine Auswahl vorgestellt werden kann. Erwähnenswert wäre beispielsweise die Idee des Stararchitekten Hans Kollhoff, der aus ökonomischen Gesichtspunkten für einen Vergnügungspark plädiert (vgl. Oloew 2008) oder auch die (mittlerweile etwas älteren) Ideen der Stadt- und Architektursoziologen Harald Bodenschatz und Hans-Joachim Engstfeld, die ein Konzept der Flughafenecken entwickelten und zudem anmahnten, man solle zumindest über einen Ort für einen zentralen Festplatz nachdenken (vgl. Bodenschatz & Engstfeld 1995: 278 f.). Ein weiterer Vorschlag kommt von der Stadt- und Regionalplanerin Cordelia Polinna (2010), die sich vorstellen könnte „erst mal gar nichts zu verändern und alles so zu belassen wie es ist", um die Weitläufigkeit dieser besonderen, innerstädtischen Fläche auch in

Zukunft zu wahren. Damit teilt sie die landesweite Meinung, wie eine Umfrage unter Berliner Bürgern ergab (vgl. Schönball 2012).

Investoren

Weiterhin ist dieses Gebiet auch interessant für Investoren, da es eine hervorragende innerstädtische Lage bietet. Daher gab es in der Vergangenheit bereits Interessenten, wie Ronald S. Lauder, der Tempelhof in ein internationales Klinikzentrum mit eingeschränktem Flugbetrieb (vgl. During & Zawatka-Gerlach 2007) umwandeln wollte. In eine andere Richtung ging der Vorschlag der Gruppe Capricorn Management, die sich einen Geschäftsflughafen mit Schulungszentrum, Konferenzräumen, einem Hotel, einem Kunstzentrum sowie einem Business Park an diesem Ort vorstellen könnten. (vgl. Hesselmann 2006). Mit weiteren möglichen Investoren hält sich die SenStadt als auch Tempelhof Projekt GmbH derzeit bedeckt, obwohl es wohl Interesse gäbe (vgl. HDK 2011).

Die angrenzenden Bezirke

Insbesondere die Bezirke Neukölln und Friedrichshain-Kreuzberg bringen sich in die Debatte um die Nachnutzung des Tempelhofer Feldes mit ein und reagieren damit direkt auf das Stimmungsbild ihrer Bewohner. So beschloss die Bezirksverordnetenversammlung Neukölln im Januar 2009, dass die Freiflächen am östlichen Rand unbebaut bleiben sollen, um die Frischluftschneise in den Bezirk Neukölln nicht zu blockieren. In einem Schreiben an Frau Lüscher wurde daher gefordert, die an das Quartier Schillerpromenade angrenzenden Flächen für Sport- und Freizeitnutzungen offen zu halten. Da die Bezirke die Planungshoheit allerdings an das Land Berlin abgetreten haben, hat das Schreiben nur einen empfehlenden Charakter (vgl. Köster 2011).

Ebenso erhebt der Bürgermeister des Bezirks Friedrichshain-Kreuzberg, Franz Schulz, gegen das Columbia-Quartier, einem der geplanten Baufelder, die Stimme, da dieses die Kaltluftzufuhr zum dicht bebauten Stadtviertel Kreuzberg unterbinden würde (vgl. Keller & Oloew 2009). Weiterhin wird kritisiert, dass die Ansprüche der Bezirke im Vorfeld der Planungen nicht berücksichtigt werden (vgl. ebd.).

4.3.3 Zwischenfazit II: Tempelhof als Konfliktfeld?

Ein Blick auf die Akteure und derer Interessen legt nahe, dass weder die Schließung noch die Folgenutzung des Tempelhofer Feldes von Konsens getragen wurde und wird. Weitgehend Einigkeit herrscht noch über das Kernelement der Planungen, die Parklandschaft, da diese vor allem den Berliner Bürgern zugute kommen würde. Anders stellt sich dies allerdings in Bezug auf die geplante Randbebauung dar. Hier befürchten vor allem die Bewohner der an das Feld angrenzenden Bezirke Neukölln und Friedrichshain-Kreuzberg starke Gentrifizierungsprozesse, wenn die geplante Wohnbebauung im Bereich Columbiadamm und Oderstraße umgesetzt werden. Diesen Befürchtungen verleihen sie durch die Gründung zahlreicher Initiativen Ausdruck, mit deren Hilfe sie gegen jegliche Planungen vorzugehen versuchen. Darüber hinaus sehen die Vertreter der Bezirke ihre Anliegen und Wünsche bezüglich einer möglichen Folgenutzung im Vorfeld der Planungen nicht ausreichend berücksichtigt, was auch hier zu einem Unmut gegenüber der Senatsplanung führt. Weiterhin herrscht auch innerhalb der politischen Parteien sowie zwischen den Verantwortlichen in der Planungsbehörde Uneinigkeit über das weitere Vorgehen. So stoßen nicht nur die Alleingänge von Klaus Wowereit auf zahlreiche Kritik, sondern auch der neue Senator für Stadtentwicklung und Umwelt moniert gegen die Planungen seiner eigenen Behörde und will diese erneut auf den Prüfstand stellen. Vor diesem Hintergrund fällt auf, dass es ein starkes Machtungleichgewicht gibt, da beispielsweise die Bezirke und deren Bewohner das Planungsvorhaben bisher weitestgehend als Zaungäste verfolgen, während Wowereit und verschiedene Vertreter der Landesbehörden wichtige Entscheidungen hinter verschlossenen Türen fällen. Dem Ruf eines „Politikum ersten Ranges" (vgl. Kap. 4.1), den Tempelhof bereits Anfang des 20. Jahrhunderts infolge des Verkaufs des Westteils an die Gemeinde Neu-Tempelhof inne hatte, wird es auch in der modernen Zeit wieder gerecht. Zusammenfassend lässt sich konstatieren, dass die teilweise antagonistischen Haltungen der vielfältigen Akteure nicht nur das Entstehen einer planerischen Innovation auf dem Feld erschweren, sondern allgemein jeden Planungsfortschritt unterbinden. Mit Blick auf die Positionierung der Akteure und den Kämpfen um ihre Interessen liegt daher der Schluss nahe, weniger von einem Innovationsfeld als viel mehr von einem Diskurs- bzw. Konfliktfeld Tempelhof zu sprechen.

5   Die Planung um Tempelhof – Verlauf und Detailprüfung

Im folgenden Abschnitt folgt die Kernanalyse dieser Studie. Darin wird der Gesamtplanungs-
verlauf betrachtet, um sich im anschließenden Schritt ausgewählten Teilaspekten detaillierter
zu widmen. Den Abschluss bildet ein Fazit, in dem die Möglichkeitsräume der Planungsinstrumente bezüglich des Anspruchs einer innovativen Nachnutzung kritisch hinterfragt werden.

5.1   Ein chronologischer Abriss über 23 Jahre Planung

Ein chronologischer Überblick über die Planungen zur Nachnutzung des Tempelhofer Feldes
soll zunächst dazu dienen, ein Verständnis für den Planungsverlauf zu erlangen. Der Beginn
dieses Prozesses reicht dabei weit in die Vergangenheit zurück und kann im Jahr der Wiedervereinigung 1990 gesehen werden.

5.1.1   Von den ersten Ideen zum Masterplan – der Zeitraum 1989 bis 1999

Innerstädtische Flughäfen stellen immer eine Belastung für die Anwohner dar und haben zudem einen negativen Einfluss auf das städtische Mikroklima (vgl. Meuser 2000: 13). Vor diesem Hintergrund wurde bereits 1986 eine Bürgerinitiative gegründet, die sich gegen die an-
steigende Belastung infolge des zunehmenden Flugaufkommens auf dem Tempelhofer Flughafen zur Wehr setzte (vgl. Lehmann 2008). Die ersten Nachnutzungsvorschläge für den
Flughafen entstammten daher nicht der Feder großer Stadtplaner oder im Auftrag der zuständigen Verwaltung, sondern aus privater Initiative. So legte beispielsweise die Bürgerinitiative
Flughafen Tempelhof bereits im Jahr 1989 einen Vorschlag zur Umwandlung des Areals in
einen Park vor (siehe Abb. I im Anhang). Der erste offizielle Entwurf entstand schließlich
zwei Jahre später im Auftrag der Senatsverwaltung für Bau- und Wohnungswesen. Der Stadtplaner Dieter Hoffmann-Axthelm und der Architekt Bernhard Strecker beabsichtigten vor
dem Hintergrund „unrealistischer Prognosen eines gewaltigen Bevölkerungswachstums in
Groß-Berlin" (Bodenschatz 2010: 101) eine radikal kleinteilige Urbanisierung des Areals
(siehe Abb. II im Anhang), um Wohnraum zu schaffen und zugleich mithilfe eines von Nord
nach Süd, sowie von West nach Ost verlaufenden Verkehrsnetzes die innerstädtische Barriere
"Tempelhofer Flugfeld" aufzubrechen (vgl. Hoffmann-Axthelm 2011: 37 f.). Ein kleiner Teil
des Feldes sollte zudem an die Hasenheide im Norden zurückgegeben werden. Dass eine Er-

weiterung der Hasenheide um gerade mal fünfzig Hektar, wie im Entwurf von Hoffmann-Axthelm und Strecker vorgesehen, dem Berliner Senat jedoch zu gering war, zeigte sich im Gesamtberliner Flächennutzungsplan (siehe Abb. III im Anhang), der im Jahr 1994 der Öffentlichkeit vorgestellt wurde. In diesem werden für den Bereich des Tempelhofer Feldes zwar großzügig Wohnbauflächen ausgewiesen, jedoch auch weite Teile als Grünfläche umgewidmet, wodurch der Entwurf von Hoffmann-Axthelm und Strecker eine klare Absage erhielt.

Es folgte im gleichen Jahr ein Auftrag des Abgeordnetenhauses zur städtebaulichen Konkretisierung bei der das Architekturbüro Hentrich-Petschnigg und Partner (HPP) zusammen mit dem Landschaftsarchitektenbüro Seebauer, Wefers und Partner (SWP) ein Stadtbandkonzept[15] entwarfen (siehe Abb. IV im Anhang) (vgl. Meuser 2000: 19). Dieser Entwurf wurde 1995 in einer international besetzten Konzeptwerkstatt diskutiert, wobei die Kritik aufkam, dass der ovale Freiraum, der vom Stadtband umschlossen wird, den Machtanspruch des ohnehin gigantischen Flughafengebäudes verstärke, weshalb diese „monumentale Herrschaftsgeste [...] ‚gebrochen' werden müsse" (Senatsverwaltung für Stadtentwicklung 2008b). Zudem fehlt diesem Konzept die „angemessene Kombination von Außenbezug und Innenbezug", wie Bodenschatz und Engstfeld (1995) anmerken. Aber auch Maßnahmen zur Gesamtentwicklung wurden auf dieser Konzeptwerkstatt behandelt, da festgeschrieben wurde, dass die Umnutzung solch einer großen Fläche nur in einem offenen Entwicklungsprozess über einen großen Zeitraum hinweg realisiert werden kann. Vor diesem Hintergrund wurde laut Professor Rainer Hascher, Leiter des Lehrstuhls für konstruktives Entwerfen und klimagerechtes Bauen an der TUB, auch die Idee geboren, Zwischennutzungen als Mittel der Aktivierung des Areals einzubeziehen (vgl. Hascher 2012).

In der drei Jahre später folgenden „Zukunftswerkstatt Tempelhof im Jahre 2020" wurden die Planungsziele weiter konkretisiert aber auch wesentliche Ergebnisse der Konzeptwerkstatt aus dem Jahr 1995 erneut bestärkt (vgl. Kap. 5.2.1).

Im gleichen Jahr mündeten die seit der Wiedervereinigung vielfach durchgeführten Partizipationsverfahren in einen Auftrag vom Senator für Stadtentwicklung, Umweltschutz und Technologie Peter Strieder (SPD) an die Schweizer Landschaftsarchitekten Dieter Kienast und Günther Vogt sowie an den Potsdamer Architekten Bernd Albers (vgl. Hoffmann-Axthelm 2011: 40). Ihr Entwurf nahm Abschied vom „Stadtbandkonzept" und sah stattdessen eine Bebauung außerhalb des „Ringboulevards" vor, während das Innere des Flugfelds zum „Wiesenmeer" umgedeutet wurde (vgl. Abb. 6).

---

[15] Der Begriff „Stadtband" sollte dabei an „Bandstadt" erinnern, eine städtebauliche Figur der Moderne „entlang stadttechnischer und Verkehrsinfrastruktur, [die] [...] letztlich kein Ende hatte." (Bodenschatz & Engstfeld 1995: 277)

Abbildung 6: Park der Luftbrücke von Kienast, Vogt und Partner/Bernd Albers (1999)

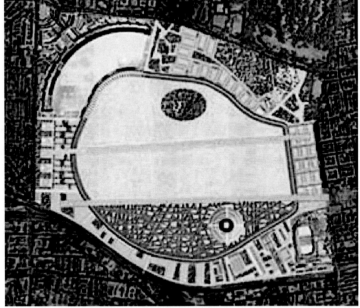

Quelle: Senatsverwaltung für Stadtentwicklung (2010f)

Im nördlichen Teil des Wiesenmeers sollte ein Berg von 60 bis 70 Metern höhe aufgeschüttet werden, der an den Flugpionier Otto Lilienthal erinnern würde. Das Flughafengebäude wurde in dieser Planung für Nutzungsoptionen aus den Bereichen Freizeit, Technologienentwicklung und Wissensvermittlung offen gehalten, während östlich des Flughafengebäudes ein Wohnquartier anschließen würde, das auch für Sport- und Freizeitnutzungen zur Verfügung stehen sollte. Am östlichen Rand, angrenzend an das Quartier Schillerpromenade, war ebenfalls ein urbanes Wohnquartier geplant. Der südliche Teil, entlang der Stadtautobahn war für Gewerbe- und Sportnutzungen vorgesehen, während der westliche Teil, der wiederum an das Flughafengebäude anschließt, mit kommerziellen Unterhaltungs- und Erlebnispavillons sowie einem Wohnanteil bebaut werden sollte (vgl. Senatsverwaltung für Stadtentwicklung 2010f: 108).

Dieser Entwurf wurde von der SenStadt zum Masterplan „Zukunft Tempelhofer Feld" erklärt und prägte das Nachnutzungskonzept für die nächsten Jahre (vgl. Tempelhof Projekt GmbH 2010h).

5.1.2 Die Schließung naht? Wir brauchen Konzepte – der Zeitraum 2006 bis 2010

Nach der Vorstellung des Masterplans ruhte die offizielle Senatsplanung für die nächsten sieben Jahre[16] und wurde erst durch das Volksbegehren der Interessengemeinschaft City-Airport Tempelhof, die die Einstellung des Flugbetriebes auf dem Tempelhofer Flughafen zu verhindern versuchte, als auch durch den nahenden Schließungstermin aufgeschreckt (vgl. Heller & Stintz 2009). Somit startete im Jahr 2006 eine erste „Standortkonferenz Nachnutzung Tempelhof". Weitere Experten- und Standortkonferenzen zur Suche und Qualifizierung von Nachnutzungsideen folgten (vgl. Senatsverwaltung für Stadtentwicklung 2010f: 109).

Ein Jahr später startete die SenStadt unter dem Motto „Tempelhofer Freiheit" einen partizipativen, mehrstufigen Planungsprozess, um die Zukunft des Geländes mit Anwohnern und interessierten Bürgern zu diskutieren (vgl. Senatsverwaltung für Stadtentwicklung und Umwelt 2011b: 212). Insgesamt 68.000 Personen nutzten dieses Angebot und brachten zahlreiche Ideen bezüglich einer adäquaten Folgenutzung ein (vgl. Kap. 5.2.2). Weiterhin initiierte die SenStadt die „Ideenwerkstatt Tempelhof", die sich aus Vertretern verschiedener Planungsbüros zusammensetzte, die ein Konzept zur integrierten Stadtentwicklung erarbeiteten (vgl. Kap. 5.2.3).

Im Jahr 2008 kam schließlich richtig Bewegung in die Planung. Die Senatsverwaltung stellte zunächst ihren eigenständig erarbeiteten Planungsstand im Informationsblatt „Zukunft Tempelhofer Feld" (vgl. Abb. 7) vor.

---

[16] Diese lange Planungspause hängt vermutlich auch damit zusammen, dass die Entwicklung des Tempelhofer Flughafenfeldes gemäß einer 1995 veröffentlichten Prioritätenliste der Entwicklungsvorhaben weit nach hinten verschoben wurde (vgl. Bodenschatz & Engstfeld 1995: 279 f.).

Abbildung 7: "Zukunft Tempelhofer Feld" - Planungsstand 03.2008

Quelle: Senatsverwaltung für Stadtentwicklung (2008c)

Bezüglich der Verteilung der Gebiete entsprach dieser dem vorherigen Masterplan des Jahres 1999, lediglich einige Nutzungsvisionen hatten sich geändert bzw. wurden weiter ausspezifiziert. So wurde das Tempelhofer Forum THF (das Flughafengebäude) für Nutzungen aus dem Bereich Kultur-, Medien- und Kreativwirtschaft, das Columbia-Quartier als Adresse für innovative Wohnformen und moderne Architektur, das Stadtquartier Neukölln als Adresse für städtisches Wohnen am Park und das Stadtquartier Tempelhof als Adresse für Zukunftstechnologien aus dem Bereich Solar- und Umwelttechnik vorgestellt (vgl. Senatsverwaltung für Stadtentwicklung 2008c). Der Ideenwettbewerb zum Columbia-Quartier (vgl. Kap. 5.2.7) startete noch im September des gleichen Jahres. Weiterhin wurde ein Call for Ideas (vgl. Kap. 5.2.8) ausgerufen, um konkrete Projektideen für die Nutzung des Flughafengebäudes zu gewinnen (vgl. Senatsverwaltung für Stadtentwicklung 2009e). Im Oktober des Jahres 2008 wurde der Flughafen schließlich geschlossen, begleitet von zahlreichen Protestaktionen und dem bitteren Nachgeschmack eines vorher gescheiterten Volksentscheides.

Aufgrund der Tatsache, dass der Wettbewerb zum Columbia-Quartier zu keinem eindeutigen Ergebnis führte und darüber hinaus viel Kritik und Diskussion herauf beschwor (vgl. Keller & Oloew 2009), verlagerte sich die Aufmerksamkeit der SenStadt im Jahr 2009 stärker auf die Entwicklung der Parklandschaft. Daher wurde die Grün Berlin GmbH mit der Bewirtschaftung und der Pflege der Freifläche beauftragt und die Berliner Immobilien Management GmbH (BIM) übernahm das Management des Flughafengebäudes. Die gesamtheitliche städtebauliche Entwicklung sowie die übergeordnete Steuerung des Prozesses wurde der Adlershof-Projekt GmbH übertragen, die bis zum Jahr 2010 einen Gesamtentwicklungsplan vorle-

gen sowie übergeordnete Leitbilder erarbeiten sollte (vgl. Senatsverwaltung für Stadtentwicklung und Umwelt 2011b: 211). In Vorbereitung auf den landschaftsplanerischen Ideen-
und Realisierungswettbewerb wurde im Sommer 2009 eine Bürgerbeteiligung durchgeführt,
um die Vorstellungen und Wünsche der Berliner Bevölkerung zur Gestaltung der Parklandschaft zu erfassen. Der Wettbewerb selbst startete schließlich im Mai des Jahres 2009. Aus
diesem ging das schottische Büro Gross.Max als Sieger hervor (vgl. Kap. 5.2.9). Betont wurde, dass dieser Entwurf „großes Potenzial für ein innovatives neues Parkbild" (Tempelhof
Projekt GmbH 2012) hätte und die für das Jahr 2017 geplante IGA, für die sich Berlin erfolgreich beworben hatte, besonders gut integrieren würde.
Schließlich wurde das Feld am 08. Mai 2010 im Rahmen eines großen Festes für die Öffentlichkeit geöffnet.

5.1.3 Es geht schleppend voran – der Zeitraum 2010 bis 2012

Die Dynamik, die das Planungsverfahren im Zeitraum zwischen 2006 und 2010 gewann,
nahm mit der Öffnung des Areals für die Öffentlichkeit ein reges Ende. Auch waren die Tage
der Beteiligung zivilgesellschaftlicher Akteure an den Diskussionen zum Planungsprozess
weitgehend gezählt. Was folgte waren Ausschreibungen für Zwischen- und Pioniernutzungen
(vgl. Kap. 5.2.5) auf dem Tempelhofer Feld im Mai 2010, verschiedene Messen und Open-
Air Veranstaltungen, mit denen das Flughafengebäude bespielt wurde (vgl. Kap. 5.2.8) und
die Vorstellung der Leitideen einer zunächst ausschließlich auf dem Tempelhofer Feld geplanten IBA (vgl. Kap. 5.2.6). Aber auch die neu gegründete, landeseigene Tempelhof Projekt
GmbH – vormals Adlershof-Projekt GmbH – stellte ihre erarbeiteten Leitbilder (vgl. Kap.
5.2.4) sowie den Gesamtentwicklungsplan vor, der bis heute nur unwesentlich verändert wurde.
Nach aktuellem Planungsstand (vgl. Tempelhof Projekt GmbH 2012) sind vier neue Quartiere
geplant. Das wohl konkreteste Projekt, da „politisch hochrangig gewünscht" (Tempelhof
Projekt GmbH 2010e) und im Koalitionsvertrag zwischen SPD und CDU verankert (vgl.
InnovationsKontor GbR 2011) ist der Bau der Zentral- und Landesbibliothek (ZLB), gelegen
im Wohn- und Bildungsquartier entlang des Tempelhofer Damms. Dieses Vorhaben schien
Kometengleich vom Himmel gefallen zu sein, da noch vor dem Abschluss des Koalitionsver-
trages das prioritäre Projekt der SPD der Ausbau der A100 war (vgl. Anker 2011). Allen
Zweiflern zum Trotz, die sowohl den Standort als auch die Kosten des mit 270 Millionen Euro veranschlagten Leuchtturmprojekts in Frage stellen (vgl. Schupelius 2012), soll die „Im-

pulsinvestition" bis zum Jahr 2020 fertig sein. Noch bevor erste Entwürfe vorliegen sprechen Kritiker bereits von einer "Wowereit-Gedenkbibliothek" (ebd.) und mahnen an, dass dieser sich damit selbst ein Denkmal setzen wolle. Dennoch wird eine „intensive Bürgerbeteiligung" von Manfred Kühne, Abteilungsleiter für Städtebau bei der SenStadt, versprochen (vgl. Zawatka-Gerlach 2012a). Allerdings kommt hier die berechtigte Frage auf, in welchem Planungsstadium und in welchen Formaten? Denn es ist fragwürdig, ob die bloße Informierung der Bürger bezüglich der aktuellen Planungsschritte über das Internet, wie im Koalitionsvertrag vereinbart (vgl. Dobberke & Schönball 2012), den Ansprüchen einer umfassenden Partizipation gerecht werden kann. Südlich des Wohn- und Bildungsquartiers ist ein "Clean Technology Park" für innovative Unternehmen geplant. Mit möglichen Investoren hält sich die SenStadt sowie die Tempelhof Projekt GmbH allerdings äußerst bedeckt, obwohl seit einiger Zeit auf dem Webauftritt der Tempelhofer Freiheit, wie das Gesamtprojekt mittlerweile heißt, um diese geworben wird (vgl. Tempelhof Projekt GmbH 2010d). Dieses südliche Gebiet soll über einen Brückenneubau im Südosten an die Oberlandstraße angebunden werden. Für das Quartier im Osten entlang der Oderstraße ist perspektivisch ein Wohngebiet vorgesehen, das mit sozialen Einrichtungen wie einer Schule und einem Kindergarten ausgestattet werden soll. Das nördlich gelegene Quartier am Columbiadamm wird reichlich unkonkret als „gemischtes Quartier" beschrieben, was auf eine Uneinigkeit schließen lässt, was dort genau entstehen soll (vgl. Kap. 5.2.7). Das Flughafengebäude verbleibt als internationaler Eventstandort und soll demnächst energetisch saniert werden. Größe, Dichte und Typologie der Bebauung auf den neuen Feldern werden ebenso wie die Straßenführung „im Rahmen einer städtebaulichen Qualifizierung erarbeitet und sollen Ende 2012 vorliegen" (Tempelhof Projekt GmbH 2012). Zuvor steht allerdings die Ausarbeitung und Verabschiedung der Flächennutzungspläne an (vgl. Thomsen 2012), bevor konkrete Bebauungspläne erarbeitet werden können (vgl. Tempelhof Projekt GmbH 2010f; Tempelhof Projekt GmbH 2010g).

5.1.4 Von der Planungsfülle zum Detail: ein Plädoyer für die Fokussierung

Die Planung zum Tempelhofer Feld zeichnet sich durch eine schier unübersichtliche Fülle von Planungsverfahren und planerischen Überlegungen aus.

Die Einbindung der Bevölkerung in diesen umfassenden Planungsprozess ist dabei keineswegs kontinuierlich, auch wenn dies immer wieder beteuert wird – insbesondere von Seiten der SenStadt. Interesse an der Beteiligung besteht, wie beispielsweise der erste inoffizielle Entwurf von Privatpersonen als auch die von tausenden Personen wahrgenommenen Partizipationsangebote deutlich machen. Dennoch muss auch hier angemahnt werden, dass es bei den Beteiligungsangeboten eher um „bürgernahe" Projekte geht, wie z.B. die Ideensammlung zur Parklandschaft. Bei den Planungen zu neuen Wohnquartieren werden zivilgesellschaftliche Akteure ebenso außen vor gelassen wie beim Lieblingsprojekt des regierenden Bürgermeisters oder bei der Überarbeitung der Masterpläne. Solche Planungen werden meist hinter verschlossenen Türen durchgeführt, wobei der Öffentlichkeit im Anschluss nur die Ergebnisse vorgestellt werden. Dies bestätigt auch Manfred Kühne wenn er sagt: „Wir versuchen alles, um die Bürger zu beteiligen. Aber die grundsätzlichen Entscheidungen fallen im Abgeordnetenhaus des Senats" (Hinrichsen 2012). Franziska Eichstädt-Bohlig (2010a: 1) appelliert jedoch diesbezüglich: „Der Blickwinkel für die Planungen muss von den vorhandenen Stadtteilen und deren Bürgerinnen und Bürgern auf das Feld und seine Nutzungspotenziale gelenkt werden, statt dass von oben herab ein Raumschiff implantiert wird".

Weiterhin ist auffällig, dass seit dem Beginn der offiziellen Planung im Jahre 1991 nach der „richtigen Lösung" gesucht wird, wobei Pläne immer wieder überarbeitet oder verworfen werden. Dies könnte damit zusammenhängen, dass das Engagement zur städtebaulichen Konkretisierung immer wieder von unterschiedlichen Akteuren, zu nennen wäre hier vor allem Peter Strieder und Klaus Wowereit und verschiedenen Institutionen, wie beispielsweise die Senatsverwaltung für Bau- und Wohnungswesen, das Berliner Abgeordnetenhaus, die SenStadt und die Tempelhof Projekt GmbH, eingebracht wurde. Aber auch die Tatsache, dass alle vier (bzw. seit dem Jahr 1999 alle fünf) Jahre das Berliner Abgeordnetenhaus gewählt wird und die Ressorts neu verteilt werden, verstärkt diesen Umstand. Ein geschlossenes Vorgehen innerhalb der verschiedenen Institutionen und über einen längeren Zeitraum hinweg scheint es bezüglich der „Tempelhof Frage" nicht zu geben. Auch stellt sich der Planungsverlauf selbst keineswegs konsistent dar. Während es in der Zeit zwischen 1991 und 1999, also viele Jahre vor der beabsichtigten Schließung relativ kontinuierlich voranging, stagnierte das Verfahren zwischenzeitlich komplett, um dann sehr verspätet im Jahr 2006 wieder an Fahrt zu gewinnen. Als dann das Tempelhofer Feld im Jahre 2010 geöffnet wurde, stand das Planungsverfahren erneut still. Erst das von vielen Seiten kritisierte Engagement des regierenden Bürgermeisters führte dazu, dass ein erstes städtebauliches Projekt, die ZLB, mittlerweile konkrete Züge gewinnt.

Es wird somit deutlich, dass die Ideen für das Tempelhofer Feld stets von verschiedenen Akteuren und deren jeweiligen Interessen herrühren, jedoch auch von anderen häufig nicht akzeptiert und daher überarbeitet werden. Der Planungsprozess stellt im Wesentlichen einen Suchprozess nach den „richtigen" Schwerpunkten dar, wobei verschiedene Akteure – Bürger,

Wissenschafts- und Wirtschaftsakteure - mithilfe unterschiedlicher Verfahren mehr oder weniger stark eingebunden werden.

Vielleicht ist aber das Suchen nach der „richtigen Lösung" und das Verwerfen von Plänen genau das, was Tempelhof im Kern als ein Innovationsfeld auszeichnet? Vielleicht sind es auch die vielfältigen Planungsinstrumente, die zum Einsatz kamen und kommen werden sowie die Einbindung bzw. das eigenständige Einmischen unterschiedlicher Akteure, die die Innovationsfähigkeit des Planungsverfahrens entscheidend erhöhen?

Um den Antworten dieser Fragen nachzuspüren, wird sich im Folgenden etwas tiefer mit dem Planungsprozess auseinandergesetzt, denn es werden ausgewählte Planungsinstrumente vorgestellt und anhand ihres Vermögens analysiert werden, Innovationen zu begünstigen. Den Analyseteil abschließend, werden drei unterschiedliche Projekte benannt, in denen Innovationen explizit gefordert waren. Ein Blick auf die Verfahrenselemente sowie die äußeren Umstände soll auch hier Chancen und Probleme bei der Umsetzung dieser innovationsorientierten Vorhaben deutlich machen.

5.2   Planungsinstrumente auf dem Prüfstand

Wie im vorherigen Kapitel deutlich geworden ist, sind die Planungen zum Tempelhofer Feld noch längst nicht abgeschlossen, auch wenn vielfältige planerische Tätigkeiten bereits erfolgt sind. Vielmehr befinden sie sich erneut an einem Anfangspunkt, an dem noch Vieles offen ist. Da auch Innovationen nicht nur ein Endresultat des Planungsprozesses sind, sondern von Anbeginn begünstigt werden können, wird im Folgenden exemplarisch analysiert, welche Prozesselemente Möglichkeitsräume für das Entstehen von strukturellen Neuerungen bieten bzw. welche sich in Bezug auf eine innovative Nachnutzungslösung eher als kontraproduktiv erweisen. Dabei werden in chronologischer Reihenfolge ausschließlich informelle bzw. weiche Planungsinstrumente vorgestellt, da diese Iberts Argumentation (2003: 71) folgend, Innovationen stärker begünstigen als klassische Planungsinstrumente (wie bspw. der FNP und der B-Plan), die einen offenen Ausgang von Planungsprozessen durch rechtliche Festlegungen unterbinden (vgl. hierzu auch Kap. 2.5.1). Begonnen wird mit den projektübergreifenden Planungsinstrumenten, mit deren Hilfe erste Ideen und Konzepte für die Nachnutzung des Feldes erarbeitet wurden. Daran anschließend werden zwei Sonderorganisationen vorgestellt, die mit speziellen Aufgaben betraut worden sind. Weiterhin wird ein Instrument benannt, das in naher Zukunft Anwendung finden könnte.

Diese Instrumente sind ausgewählt worden, da sie wesentliche Meilensteine im Planungsprozess darstellen. Schließlich sollen drei Projekte benannt und analysiert werden (das Columbia Quartier, das Flughafengebäude und die Parklandschaft), in denen explizit innovative Ansprüche formuliert wurden. Die empirischen Analysen werden der besseren Übersichtlichkeit halber durch Einrahmung markiert. Diesen Teil abschließend werden die aus den Teilanalysen gewonnenen Erkenntnisse zusammengefasst und ein Fazit zur Innovationsfähigkeit der Planungen auf dem Tempelhofer Feld gezogen.

5.2.1 Erste Ideennetzwerke für das Tempelhofer Feld

Wie bereits aus den Darstellungen der Prinzipien innovationsorientierter Planung deutlich geworden ist (vgl. Kap. 2.5.3), bilden Netzwerke, bei denen eine Vielzahl von Akteuren ihre Ideen einbringen, eine hervorragende Grundlage für das Auffinden neuer Lösungswege. Solche Netzwerke wurden beispielsweise durch die beiden Werkstattverfahren der Jahre 1995 und 1998 initiiert, bei denen unterschiedliche Akteure, zum einen Experten, zum anderen Laien, ihre Ideen austauschten, kombinierten und schließlich neue Gestaltungs- und Entwicklungsprinzipien generieren konnten. Beide Werkstattverfahren, die Konzeptwerkstatt und die Zukunftswerkstatt, werden im Folgenden kurz vorgestellt und anhand ihrer Potenziale für das Entstehen von strukturellen Neuerungen analysiert.

In der mit internationalen Experten besetzten Konzeptwerkstatt des Jahres 1995 wurde der Entwurf („Das Stadtbandkonzept"[17]) von Hentrich-Petschnigg & Partner und Seebauer, Wefers & Partner diskutiert. Ein solches auf Kooperation basierendes Verfahren ist für das Finden von innovativen Lösungen bekannt, da hier unterschiedliche Fachleute ihre Meinungen einbringen (*Integration von Fremdheit*) und im Zuge eines Ideenfindungsprozesses unter Einbezug verschiedener Akteursinteressen und Themenfelder kreative Lösungen entwickeln (vgl. Bischoff et al. 2007: 177 ff.). Konkret wurden in Tempelhof alternative Sichtweisen auf die Konzeptidee entwickelt, die in der Folge zu neuen wegweisenden Gestaltungsprinzipien und ersten Ideen für Entwicklungsmaßnahmen geführt haben. Zu den neuen Gestaltungsprinzipien gehörte das Brechen der Herrschaftsgeste des Gebäudes (vgl. Senatsverwaltung für Stadtentwicklung 2008b), demgegenüber bezüglich der Entwicklungsmaßnahmen die langfristige und offene Entwicklung des Geländes als auch die Möglichkeit Zwischennutzer als

---

[17] Zur Ansicht des Entwurfs siehe Abb. IV im Anhang.

Initiator städtebaulicher Entwicklung mit einzubeziehen (vgl. Hascher 2012), nahegelegt wurde.

Schließlich wurden die Planungsziele in der drei Jahre später folgenden Zukunftswerkstatt weiter konkretisiert. Ariane Bischoff, Klaus Selle und Heide Sinning (2007: 139) stellen fest, dass eine Zukunftswerkstatt als ein informelles Beteiligungsinstrument, Problemlösungstechniken bietet, „die kreative Prozesse – wie kaum ein anderes Verfahren – in Gang setzt und damit vielfach ungenutzte Ideenpotenziale erschließt. Sie eignet sich besonders dann, wenn echte Alternativen zum Bestehenden gefragt sind oder neue Wege beschritten werden sollen." Bei der Tempelhofer Zukunftswerkstatt haben Bürger mit Hilfe von Kreativitätstechniken wünschenswerte aber teilweise auch unrealistische Zukunftsentwürfe erarbeitet, wobei abschließend wesentliche Übereinstimmungen festgehalten wurden (vgl. Meuser 2000: 22). Diese Übereinstimmungen in den Zukunftsbildern dienten im Sinne einer *Planung durch Verzicht auf Planung* als *vage Ziele* zur Orientierung bei späteren Entscheidungen, blieben aber im Detail sehr unkonkret. Beispielsweise wurde festgeschrieben, dass die Historie des Ortes, als ein Schauplatz der Luftfahrtgeschichte gestärkt werden soll. Auf welche Weise dies zu geschehen habe, blieb allerdings weitgehend offen. Dadurch wurde der Spielraum für spätere Entscheidungen nicht unnötig eingeschränkt und Ideen, die aus Lernprozessen resultieren, konnten leichter in die Zukunftsbilder integriert werden.

5.2.2 Bürgerbeteiligung: Viele Menschen = viele innovative Ideen?

Unter dem Motto „Tempelhofer Freiheit" startete die SenStadt im Jahr 2007 einen Planungsprozess, bei dem die „Ziele und Wege der Entwicklung auf breiter Basis öffentlich diskutiert und bestimmt wurden" (Senatsverwaltung für Stadtentwicklung 2010f: 110). Die Bürger waren zunächst aufgefordert, sich durch öffentliche Veranstaltungen wie Vorträge und Ausstellungen über die Planungen auf dem Tempelhofer Feld zu informieren und diese zu diskutieren (Freiheit 1: „Blick von außen"). Später konnten sie das Flughafengelände sowie das Gebäude auch selbst begehen, um sich ein Bild zu verschaffen (Freiheit 2: „Blick von Innen). Anschließend wurde ihnen die Möglichkeit geboten ihre Meinung in einem zweistufigen Onlinedialog zu äußern. Ziel dieses Vorgehens war es, den Konflikt zwischen Weiterführung des Flughafenbetriebes versus mögliche Nachnutzungen in einem offenen Dialog anzugehen. Zudem sollte die bisherige Planung transparent gemacht und Ideen für kurz- und langfristige Nutzungen gesammelt werden (vgl. Senatsverwaltung für Stadtentwicklung 2007a: 3).

Vor allem der zweistufige Onlinedialog sollte helfen, zahlreiche kreative Ideen und innovative Nachnutzungskonzepte zu generieren. So besuchten in der ersten Phase des Onlinedialogs 32.000 Besucher den dafür eingerichteten Webauftritt und brachten ca. 900 Ideen ein (vgl. Senatsverwaltung für Stadtentwicklung und Umwelt 2011b: 213). Diese wurden anschließend inhaltsanalytisch ausgewertet, zu zehn Kategorien zusammengefasst und dienten als Grundlage für die zweite Phase des Onlinedialogs (vgl. Vorwerk & Riedel 2008: 110).

In dieser zweiten Phase nutzten 36.000 Besucher die Chance, die bereits gesammelten Ideen zu kommentieren, zu bearbeiten und zu bewerten, wodurch nicht nur einige Gedanken der ersten Phase verbessert wurden, sondern auch 400 neue Nutzungskonzepte hinzukamen.

Die im Internetdialog erarbeiteten Ideen wurden von den Fachabteilungen der Verwaltung auf ihre Realisierbarkeit überprüft und vom Publikum diskutiert (vgl. Senatsverwaltung für Stadtentwicklung und Umwelt 2011b: 213). Eine aus beiden Verfahren resultierende „Top 10 Liste"[18] wurde abschließend am 21. November 2007 in einer Bürgerversammlung zur Diskussion gestellt. Bei dieser kristallisierten sich vier Themenbereiche heraus, die die zukünftige Nutzung des Tempelhofer Feld prägen sollten:

1. Grün,
2. Sport und Bewegung,
3. Wohnen und
4. Kreativwirtschaft.

Schließlich wurden die drei bestbewerteten Einzelvorschläge – 1. Baseball- und Softballfelder; 2. erlebnisorientierter Abenteuerspielplatz; 3. Das Gesamtkonzept „Neustadt Tempelhof" - in einem Workshop diskutiert und durch die Senatsbaudirektorin mit einem Preis geehrt (vgl. Vorwerk & Riedel 2008: 111).

Auf den ersten Blick scheint dies ein großartiges Partizipationsverfahren gewesen zu sein, bei dem zahlreiche Akteure, viele Ideen einbringen konnten. Man könnte sogar behaupten, das Verfahren sei durch die umfassende Bürgerpartizipation mithilfe neuer Medien (insbesondere dem Internet) eine *Integration von Fremdheit* auf höchstem Niveau. Bei genauerer Betrachtung kommen allerdings Zweifel, inwiefern diese Art der Ideengenerierung und Abstimmung dem Anspruch innovative Nachnutzungsideen zu finden, gerecht werden kann. Ein Blick auf die Themenbereiche, die die zukünftige Nutzung prägen sollen, als auch auf die drei bestbewerteten Einzelvorschläge untermauert diesen Eindruck, denn Vorschläge wie Baseball- und

---

[18] Diese „Top 10 Liste" umfasst die Themen: 1. Grünfläche, Park, Natur, Gärten; 2. fliegerische Nutzungen; 3. Events, Festplatz, Freizeitpark; 4. Sport, Freizeit; 5. Wohnen; 6. Bildung, Forschung, Bibliothek; 7. Museum, Erinnerung, Gedenkstätte; 8. Unternehmen, Behörden; 9. Kunst, Kultur, soziale Projekte; 10. Übergreifendes, weitere Themen (vgl. Vorwerk & Riedel 2008: 110 f.).

Softballfelder oder auch ein Abenteuerspielplatz scheinen nicht wirklich neu, noch innovativ zu sein. An welchen Faktoren lag es, dass aus mehr als 1.400 Nachnutzungsideen, bei denen viele spektakuläre Überlegungen dabei waren[19], eher konventionelle Ideen ausgewählt wurden? Mögliche Antworten auf diese Frage sind dabei in dreierlei Verfahrenselementen zu identifizieren.

Erstens führte der Umstand, dass alle Ideen bewertet werden konnten, dazu, dass vor allem unkonventionelle Ideen, die schwer vorstellbar sind, zunächst auf Ablehnung stoßen und daher nur neutral oder negativ bewertet werden. Hier wird deutlich, dass Innovationen zu Beginn meist nicht konsensfähig sind (vgl. Kap. 2.2.2).

Zweitens fielen innovative Einzelideen der Clusterung und anschließenden Kategorisierung zum Opfer, da diese somit ihren inhaltlichen Wert verloren und lediglich unter Begriffen wie Grün oder Kreativwirtschaft subsummiert wurden. In diesem Zusammenhang stellt sich zudem insbesondere die Frage, ob diese Form der Bürgerbeteiligung überhaupt neue Ideen hervor gebracht hat, da bereits infolge der Konzeptwerkstatt von 1995 als auch des Masterplans von 1999 feststand, dass Themenbereiche wie Grün, Sport und Bewegung, Wohnen und Kreativwirtschaft das Feld in Zukunft prägen sollen. Vor diesem Hintergrund erscheint das Partizipationsverfahren gewissermaßen redundant.

Schließlich ist drittens die Diskussion und Überprüfung der Ideen durch die Zuständigen der Fachabteilungen der Verwaltungen eher problematisch anzusehen. Da es für innovative Ideen meist keine Vorbilder gibt und deren Umsetzung daher als befremdlich oder auch problematisch wahrgenommen wird, stoßen diese Ideen in bürokratischen Institutionen häufig auf Ablehnung, da sie mit den formal geregelten Abläufen kaum vereinbar sind (vgl. hierzu Kap. 2.4).

5.2.3 Das Team Ideenwerkstatt Tempelhof: ein buntes Kollektiv erarbeitet unkonventionelle Konzepte

Aufbauend auf den Ideen der Konzeptwerkstatt, der Zukunftswerkstatt und der „Tempelhofer Freiheit" wurde eine Sonderorganisation, das Team Ideenwerkstatt Tempelhof (TIT) bestehend aus den Planungsbüros Studio Urban Catalyst, Raumlabor Berlin und Michael Braun und Partner[20] gegründet. Die Aufgabe des TIT ist im Zeitraum zwischen 2007 und 2009 ge-

---

[19] Zu nennen wäre diesbezüglich beispielsweise die Idee eines Wissenschaftsparks für technologische und naturwissenschaftliche Experimente, die Nutzung der Fläche zur Erprobung von Prototypen aus dem Bereich erneuerbarer Energien oder die Etablierung eines Spaceports. Wie realistisch diese Vorschläge sind, muss sicherlich kritisch hinterfragt werden. Innovative Ansätze könnten sie dennoch bieten. Zur Ansicht aller Ideen vgl.: Berlin.de (2007).
[20] Diese Planungsbüros sind in den Bereichen Architektur, Stadtentwicklung und Landschaftsarchitektur tätig.

wesen, ein Konzept zur integrierten Stadtentwicklung zu erarbeiten, das verschiedene Entwicklungsansätze in den städtebaulichen Prozess einbezieht (vgl. Bader et al. 2008).

Vor dem Hintergrund, dass einige Mitglieder des TIT bereits in der Vergangenheit in Kooperation mit der SenStadt das Buch „Urban Pioneers" über Raumpioniere in Berlin verfasst hatten (vgl. Senatsverwaltung für Stadtentwicklung 2007b) und dabei neuartige Wege der Stadtentwicklung aufzeigten, verfügte die Sonderorganisation bereits über Ansehen und daher über *institutionalisiertes Charisma*. Deshalb wurde ihr die Ausarbeitung des integrierten Stadtentwicklungskonzepts für die „gemessen an seiner Fläche [...] größte innenstadtentwicklungspolitische Herausforderung des begonnenen 21. Jahrhunderts" (Meuser 2000: 24) anvertraut.

Durch die Zusammensetzung des Teams mit Vertretern aus unterschiedlichen Planungsbüros und der Ausgliederung aus jeglichen Verwaltungsstrukturen konnten sie flexibler und motivierter an einer Lösung außerhalb des planerischen Standardrepertoires arbeiten. Als Mittel der Wahl nutzte das TIT Workshopverfahren und Kreativitätstechniken, um „Assoziationen und Ideen für die Nachnutzung des Tempelhofer Feldes" zu generieren (Dreger, Humann, Misselwitz, Overmeyer & Yilmaz 2008: 8). Dabei wurde auf einen fairen und offenen Umgang untereinander geachtet, was wiederum förderlich für den Ideenfluss war. Dieses Vorgehen kann als eine *Subjekt-Subjekt-Interaktion* verstanden werden, wobei ein Moderatorenteam als *Schiedsrichter* eingesetzt wurde, um den Diskurs auf einem *mittleren Machtniveau* sicherzustellen und Feedback bei Unklarheiten zu geben (vgl. Dreger et al. 2008: 6).

In den iterativen Workshopverfahren spezifizierten sie die Idee eines dynamischen Masterplans, der mehr Flexibilität in den Planungsprozess bringen soll, weiter aus. Der dynamische Masterplan kann als ein Schritt in Richtung *Planung durch Verzicht auf klassische Planung* gewertet werden, da die laufenden Planungen freier an sich ändernde Rahmenbedingungen angepasst werden können. Er gewährt, dass die richtige Schwerpunktsetzung nicht bereits am Anfang feststehen muss, sondern aus dem Planungsprozess selbst generiert werden kann. Somit wird durch den dynamischen Masterplan *Revidierbarkeit* von Entscheidungen sichergestellt, da Teilziele in denen sich nach eingehender Prüfung Schwierigkeiten andeuten, leichter modifiziert werden können (vgl. hierzu die Planung zum Columbia Quartier in Kap. 5.2.7). Weiterhin ermöglicht dieses Vorgehen, dass die Konzeptentwicklung parallel zur Informationsbeschaffung als iterativer Prozess verläuft (*oberflächliche Informationen*). Dadurch wird das Informationssammelsurium erst zum Ende verdichtet, da beispielsweise auch die Impulse, die aus den Raumpionierprojekten resultieren, im dynamischen Masterplan berücksichtigt werden sollen.

Aber auch das in der Gruppe erarbeitete prozessuale Aktivierungskonzept, aufbauend auf einem breiten Spektrum an Strategien und unterschiedlichen zivilgesellschaftlichen Akteuren – hierzu gehört beispielsweise eine Internationale Gartenbauaustellung (IGA), eine IBA, sowie die Institutionalisierung von Raumpionieren – stellt ein vielversprechendes und innovatives Konzept zur Entwicklung des Areals dar, was auch Cordelia Polinna (2010) und Florian Heilmeyer (2011: 56 ff.) betonen. Sicher sind sowohl Bauausstellungen als auch Gartenbauausstellungen keine neuen Instrumente, da sie bereits mehrfach genutzt wurden, um große Schübe in der Stadtentwicklung zu gewährleisten (vgl. Hoffmann-Axthelm 2011: 44). Dennoch weist diese „Festivalisierung der Stadtpolitik" (Häußermann & Siebel 1993) große Gemeinsamkeiten zu innovationsgenerierenden Planungsverfahren auf, da sie „Aufmerksamkeit, Sondermittel und Motivation [...] mobilisieren sowie Irritation, Leistungs- und Termindruck" (Ibert 2006: 87) erzeugen. Zudem kann durch die „Politik der Festivalisierung" über die Ohnmacht der öffentlichen Hand bezüglich der Entwicklung großer Projekte hinweggetäuscht werden (vgl. Häußermann & Siebel 1993: 14).

Alle drei Instrumente – die IBA, die IGA und die Institutionalisierung von Raumpionierprojekten – werden im weiteren Verlaufe dieser Studie vorgestellt und anhand ihrer Innovationspotenziale analysiert.

5.2.4 Die Tempelhof Projekt GmbH – fragwürdige Maßnahmen zur Innovationsförderung

Mitte des Jahres 2009 beauftragte die SenStadt die Adlershof Projekt GmbH mit der Entwicklung eines Leitbildes sowie der Weiterentwicklung des städtebaulichen Konzepts. Die Adlershof Projekt GmbH gründete das Geschäftsfeld Tempelhof Projekt und erarbeitete Leitbildthemen, die der Orientierung bei der weiteren Planung dienen sollen (vgl. Tempelhof Projekt GmbH 2010h). Ein Jahr später wurde die Entwicklung des Tempelhofer Feldes aus den Händen der Adlershof Projekt GmbH an die neu gegründete, landeseigene Tempelhof Projekt GmbH übergeben, die dieser Aufgabe bis heute nachgeht.

Die Übertragung von Aufgaben an die *Sonderorganisation* der Tempelhof Projekt GmbH hat wesentliche innovationsfördernde Ansätze, aber auch Schwachstellen wie im Folgenden deutlich wird. Zum einen dienen die von der Adlershof Projekt GmbH erarbeiteten Leitbilder (Bühne des Neuen, Interreligiöser Dialog, Integration der Quartiere, Sport, Wellness und Gesundheit, Saubere Zukunftstechnologien & Wissen und Lernen (vgl. Senatsverwaltung für

Stadtentwicklung 2010e)) im Planungsprozess als *vage Ziele* der grundsätzlichen Orientierung. Dabei bündeln sie das was wünschbar und machbar ist, und stellen für unterschiedliche Akteure einen gemeinsamen Zielhorizont dar (vgl. zur Funktion von Leitbildern: Dierkes, Hoffmann & Marz 1992). Somit können Veranstaltungen und städtebauliche Projekte realisiert werden, sofern sie thematisch zu den Leitbildthemen passen. Dennoch gewährt diese *vage Zielsetzung* ausreichend Freiheit, um die verschiedenen Projekte auf je eigene Art zu realisieren, wodurch Innovation ein weiter Spielraum eröffnet wird (vgl. Kap. 2.5.1).

Leitbilder eröffnen jedoch nicht nur den Spielraum, um verschiedene Projekte auf je eigene Art zu realisieren. Die Tempelhofer Leitbildthemen verkörpern selbst innovationsfördernde Elemente. So hilft die „Bühne des Neuen" innovative Neuerungen einer breiten Masse vorzuführen und verständlich zu erklären. Mithilfe der „Integration der Quartiere" in Form von Raumpionieren oder als Partner zur Umsetzung der Wohnbebauung können neue, kreative Akteure in die Entwicklung des Feldes einbezogen werden. Durch das Leitbild „saubere Zukunftstechnologien" wird Tempelhof zum Testfeld für innovative Antriebskonzepte und „Wissen und Lernen" stellen schließlich die entscheidenden Schlüsselressourcen für neue Ideen dar.

Aber auch durch die Übertragung der Entwicklungsaufgabe an die Sonderorganisation der Tempelhof Projekt GmbH soll ein Schritt aus der verwaltungsinternen Inflexibilität der SenStadt geleistet werden (vgl. Fahrun 2010). So konnte der neue Entwicklungsträger bereits umfangreiche Kenntnisse beim Aufbau des Technologieparks in Adlershof, einem der 15 größten Wissenschaftsparks der Welt (vgl. Senatsverwaltung für Stadtentwicklung 2009a: 31) unter Beweis stellen und scheint daher für die Entwicklung des Tempelhofer Feldes besser geeignet „als die Beamten der Senatorin Ingeborg Junge-Reyer" (Fahrun 2010). Aufgrund dieser umfangreichen Erfahrungen mit einem vorherigen Projekt verfügt die Tempelhof Projekt GmbH über *institutionelles Charisma*. Die neu gegründete Organisation soll die Entwicklung des Tempelhofer Feldes aus einer Hand sicherstellen (vgl. Schoelkopf 2011). Jedoch wurde von Seiten der Tempelhof Projekt GmbH bereits Kritik laut, dass ihr trotz der anvertrauen Aufgaben nicht die nötige Autonomie eingestanden wird. Beispielsweise wurde „die Ausschreibung des landschaftsplanerischen Wettbewerbs [initiiert durch die Stadtentwicklungssenatorin Junge-Reyer, Anm. des Autors] ohne Absprache mit der Tempelhof Projekt GmbH gemacht" (Schoelkopf 2011), weshalb die Vorgaben zum Wettbewerb nicht mit dem Leitbild der Tempelhofer Freiheit kompatibel wären. Weiterhin verweist der Geschäftsführer der Tempelhof Projekt GmbH, Gerhard W. Steindorf, auf eine eingeschränkte Handlungsfähigkeit aufgrund der Verfügbarkeit der finanziellen Mittel, die zur Entwicklung des Feldes nötig sind. Denn bisher würden alle Erlöse aus der Vermietung in den Landeshaushalt fließen, weshalb die GmbH diese in der Folge wieder umständlich beantragen müsse (vgl. Gundlach 2011a).

Von anderer Seite wurden allerdings auch Zweifel geäußert, ob „diese Gesellschaft für die [...] Planung und [den] Bau ökologisch-innovativer und gestalterisch hochwertiger Stadtquartiere die richtige Wahl ist" (Eichstädt-Bohlig 2010a). Denn bis auf einen erarbeiteten Gesamtentwicklungsplan mit einem ambitionierten Zeitrahmen bezüglich der Weiterführung des ausgesetzten FNP und Durchführung des Bebauungsplanverfahrens (vgl. Tempelhof Projekt GmbH 2010f; Tempelhof Projekt GmbH 2010g) hat sich bisher nicht viel getan. Das Ziel der Tempelhof Projekt GmbH, das Planungsrecht voranzutreiben, weist zudem darauf hin, dass hier keine *Planung durch Verzicht auf klassische Planung* forciert wird. Oliver Ibert (2003: 107) hat solch ein Vorgehen anhand des Projektes „Alternatives Wohnen Recklinghausen-Süd" beschrieben, wobei eine Wohnsiedlung „nach § 34 BauGB ohne einen Bebauungsplan entwickelt worden ist". Solche Maßnahmen zur Gewährung von *Revidierbarkeit* im Planungsprozess sind somit im Tempelhofer Kontext nicht angedacht. Weiterhin muss angemerkt werden, dass seit der Übertragung der Entwicklung an die Planungsgruppe lediglich öffentliche Informations- und Diskussionsveranstaltungen abgehalten wurden, der Planungsprozess selbst aber weitgehend hinter verschlossenen Türen fortgeführt wird. Eine partizipative Planung, die Zivilgesellschaft sowie Experten aus Wirtschaft und Wissenschaft kooperativ einbindet und die über die bloße Informierung hinausgeht, muss daher vergeblich gesucht werden.

5.2.5 Raumpionierprojekte als kleine Innovationslabore auf dem Tempelhofer Feld

Raumpioniere sind zentrale Akteure des durch das TIT erarbeiteten integrierten Stadtentwicklungskonzepts und können ihre vielfältigen Projekte bereits seit der Öffnung des Feldes im Jahr 2010 umsetzen. Daher werden diese im Folgenden gesondert vorgestellt.

Raumpioniere sind im Berliner Kontext kein neues Phänomen, sondern prägen das Berliner Stadtbild – wie beispielsweise im Bereich Mediaspree – bereits seit vielen Jahren. Viele Clubs und Bars ebenso wie verschiedene Sport- und Gastronomieeinrichtungen entlang des Spreeufers haben meist den Status von Zwischennutzern bzw. Raumpionieren[21] und befördern

---

[21] Während der Begriff Zwischennutzung die zeitliche Befristung der Nutzung unterstreicht, betont der Begriff des Raumpioniers die Aktivitäten der Pioniernutzer als „Erstbesiedler", wodurch sich weitere Nutzungen bzw. Entwicklungen für eine Brache ergeben. Da beide Begriffe

die Stadtentwicklung auf sehr unterschiedliche Weise. Im Sinne eines offenen Prozesses wurden daher auch auf dem ehemaligen Flughafengelände drei Flächen freigegeben, für die sich Interessenten mit konkreten Projektideen bewerben können. Alle drei Flächen befinden sich in den Bereichen, in denen zukünftige Baufelder geplant sind. Die Hoffnung ist, dass die unkommerziellen, kulturellen und experimentellen Nutzungen zu einer Aktivierung dieser Flächen führen, wodurch städtebauliche Aktivität erleichtert werden soll (vgl. Heilmeyer 2011). Indem das Land Berlin Raumpioniere in den Entwicklungsprozess des Tempelhofer Feldes integriert, sollen neue Wege partizipativer Stadtentwicklung beschritten und der ehemalige Flughafen zum Experimentierfeld für neue Ideen und kreative Potenziale erklärt werden (vgl. Tempelhof Projekt GmbH 2010c).

Auch die Haltung eines Kritikers soll in dieser Betrachtung Erwähnung finden, da dieser befürchtet, dass mithilfe der Zwischennutzer nur über die Konzeptlosigkeit der SenStadt im Umgang mit der Fläche hinweg getäuscht werden soll (vgl. Hoffmann-Axthelm 2011: 44).

Die Raumpionierprojekte[22] auf dem Tempelhofer Feld erfreuen sich überwiegend großer Beliebtheit und verschaffen dem Gesamtprojekt hohe Aufmerksamkeit. Es könnte daher behauptet werden, sie hätten eine Art *Bühneneffekt,* da die unterschiedlichen Projekte und Nutzungsaktivitäten immer wieder Thema verschiedener Berichterstattungen sind (vgl. Jacobs 2010; Stollowsky 2011) und als Aushängeschild des experimentellen Entwicklungsprozesses dienen (vgl. Tempelhof Projekt GmbH 2010c). Durch die gute Inszenierung der Bürgerprojekte scheint auch das Negativimage des Planungsprozesses zumindest teilweise in den Hintergrund gerückt zu sein. Ein solches Aktivierungskonzept schafft Möglichkeitsräume für Innovationen, auf zweierlei Art:

Zum einen ist es möglich, dass dieses städtebauliche Experiment Früchte trägt und „die Tempelhofer Freiheit zu einem Modellort partizipativer Stadtentwicklung" (Tempelhof Projekt GmbH 2010c) wird. Das Land Berlin geht insofern neue Wege, da hier die informellen Pioniernutzungen (Bottom-up) erstmals in den formalen Planungsprozess (Top-Down) einbezogen wurden, wofür es bei einer Fläche dieser Größe bisher keine Vorbilder gibt. Dieses Vorgehen stellt somit einen Schritt in Richtung *ergebnisoffene Planung* dar, da die Resultate der Raumpionierprojekte und deren Nutzen für den formellen Planungsprozess zu Beginn noch nicht ablesbar sind. Auch wenn Zwischennutzung selbst nicht neu ist, ist deren Integration in

---

weitgehend dieselbe Nutzungsweise, jedoch aus unterschiedlichen Blickwinkeln (zum einen eher zeitlich, zum anderen eher inhaltlich) betonen (vgl. Schwarting 2009: 179), werden sie im Folgenden synonym verwendet.

[22] Hierzu zählen neuartige Kunst- und Sportprojekte, gärtnerische Initiativen, Projekte, die Wissen schaffen oder auch interkulturelle Zusammenarbeit fördern und dabei immer auf der Integration heterogener Akteure basieren (vgl. Tempelhof Projekt GmbH 2010b).

den formellen Planungsprozess im Berliner Kontext doch ein neues Phänomen[23], unterscheidet sich daher von der bisherigen Planungspraxis und kann bei erfolgreicher Aktivierung des Geländes evtl. auch auf andere städtebauliche Projekte (bspw. in Zusammenhang mit leeren Staatskassen oder fehlender Investorennachfrage) übertragen werden. Wenn dies eine Verbesserung gegenüber der bisherigen Planungspraxis darstellt, kann man von einer stadtplanerischen Innovation im Berliner Kontext sprechen.

Zum anderen ist bekannt, dass aus den Zwischennutzungen selbst Innovationen, meist in Form von sozialen Innovationen hervorgehen oder angeregt werden können (vgl. Christmann & Büttner 2012: 1). So beschreiben beispielsweise Bornmann, Erbelding & Froessler (2008) für unterschiedliche Zwischennutzungsprojekte in Nordrhein-Westfalen eine Reihe von überwiegend sozialen Innovationen, die sie in den Projekten identifizieren konnten. Ein Beispiel hierfür wäre die Kombination von Flüchtlingshilfe und gärtnerischer Tätigkeit auf einer brachliegenden Fläche, wodurch nicht nur ästhetische Gewinne für das Gebiet, sondern vor allem verbesserte Sprachkenntnisse, Kontakte zu Deutschen, sinnvolle Betätigung, wiedererlangtes Selbstbewusstsein und eine Qualifizierung für den Einstieg in das Berufsleben gewährleistet werden konnte. Da auch auf der Tempelhofer Freiheit ein interkulturelles Gartenprojekt (Allmende Kontor) umgesetzt wird, wären ähnliche Impulse auch hier denkbar. Bezogen auf die von der SenStadt ausgewählten Projekte wurde allerdings auch schon angemahnt, dass bisher „eher konventionelle und risikoarme Projekte am Start [sind], bei denen sich ‚die Entwicklung einer besonders hohen Strahlkraft' [...] noch nicht ablesen lässt" (Heilmeyer 2011). Um dem Ruf eines Experimentierfeldes gerecht zu werden wäre das Ausprobieren auch unkonventioneller Projekte nötig.

5.2.6 IBA – Der ‚Ausnahmezustand auf Zeit' als Innovationsmotor

Eine weitere Strategie zur Entwicklung des Tempelhofer Feldes wurde im Jahr 2008 durch die Senatsbaudirektorin Regula Lüscher formuliert und lautet eine „IBA Berlin 2020". Zunächst stand die Idee zur Debatte, die IBA zwischen 2010 und 2020 ausschließlich auf dem Tempelhofer Feld stattfinden zu lassen, um neben der Parklandschaft (vgl. Senatsverwaltung für Stadtentwicklung 2010h: 28) die geplanten Baufelder rund um das Flugfeld zu realisieren (vgl. Regula Lüscher im Interview mit der Stadtbauwelt, 102 (191)). Da eine Eingrenzung auf das Tempelhofer Feld allerdings von Experten als den Ansprüchen einer IBA ungenügend erklärt und zudem alternative Konzeptideen vorgelegt wurden, die weitere Entwicklungs-

---

[23] Es wurde bewusst die Eingrenzung auf den Berliner Raum gewählt, da in der Schweiz ebenfalls versucht wird, Zwischennutzung strategisch zur Aktivierung eines Güterbahn-Areals einzusetzen (vgl. Senatsverwaltung für Stadtentwicklung 2007b: 112).

schwerpunkte empfahlen (vgl. Bodenschatz et al. 2010; Eichstädt-Bohlig 2010b), wurden die Suchräume der IBA auf die ganze Stadt verteilt (vgl. Senatsverwaltung für Stadtentwicklung 2010d). Auch zeigte sich, dass sich die IBA nicht allein auf den Neubau beziehen kann, da vor allem der Baubestand deutlichen Handlungsbedarf offenbart. Denn sie sollte nicht die Routineaufgaben heutiger Planung übernehmen, sondern „muss durch eine Ausnahmeaufgabenstellung gerechtfertigt sein" (Bodenschatz, Beckmann, et al. 2011: 3).

Im Konzeptvorschlag, der im Juni 2011 erschien, wurden die drei „lose und unverbunden nebeneinander stehenden Begriffe" (vgl. ebd.) *Hauptstadt, Raumstadt und Sofortstadt* als Themenvorschlag genannt. Inhaltlich wurden unter anderem der Bereich Nord-Neukölln erwähnt, was auch das Quartier an der Oderstraße im Bereich des Tempelhofer Feldes mit einschließen würde. Das Ergebnis der Berliner Landtagswahlen, die einige Monate später folgten, veränderte jedoch die Thematik und die Zielsetzung der IBA erneut. So wurde in den Koalitionsvereinbarungen zwischen SPD und CDU festgehalten, dass die IBA unter dem Leitthema der gemischten Stadt stehen wird und sich den Themen *Wissen, Wirtschaft und Wohnen* zuwenden soll. Dies würde auch die „Nachnutzungen des ehemaligen Flughafens Tempelhof mit der Zentral- und Landesbibliothek als Wissensstandort" (InnovationsKontor GbR 2011) mit einschließen. Weiterhin wurde recht unkonkret notiert, dass „im Rahmen der IBA berlinweit ‚Zukunftsorte' städtebauliche, soziale, wirtschaftliche, ökologische und kulturelle Impulse für ihr jeweiliges Umfeld geben" (InnovationsKontor GbR 2011). Inwiefern diese Neuausrichtung ein IBA-gerechtes Themenfeld darstellt, sei erst einmal dahin gestellt. Mehr Klarheit wird eventuell die weitere Konkretisierung des IBA-Konzepts bringen. Doch auch das aktuelle Motto will der neue Stadtentwicklungssenator Michael Müller wieder streichen, da er keine IBA der Wirtschaft und Wissenschaft will, sondern eine Wohnungs-IBA (vgl. During 2012). Vor dem Hintergrund dieses noch nicht beendeten Diskurses stehen Thema und Inhalt der IBA wieder weitgehend offen. Fest steht jedoch, sollte eine IBA in Berlin stattfinden, kann das Tempelhofer Feld vom „Ausnahmezustand auf Zeit" (Durth et al. 2009) profitieren, wird aber sicherlich nicht mehr der Hauptfokus sein.

Sollten Projekte im Rahmen der IBA realisiert werden, besteht eine gesteigerte Wahrscheinlichkeit, dass innovative architektonische Lösungen oder neuartige soziale Projekte das Tempelhofer Feld in Zukunft prägen (vgl. Senatsverwaltung für Stadtentwicklung 2010b: 54). Durch die IBA kommen verschiedene Prinzipien innovationsorientierter Planung parallel zum Tragen, wie im Folgenden zusammengefasst wird.

Eine IBA kann als eine *charismatische Institution* verstanden werden, da ihr Qualitätsstempel als „international einzigartiges Instrument erfolgreicher Planungs-, Stadt- und Regionalpolitik" (Durth et al. 2009) bereits mehrfach unter Beweis gestellt wurde. So konnte beispielsweise im Rahmen der IBA 1957 im Hansaviertel ein Modellprojekt für urbanes Wohnen mit Licht, Luft und Grün realisiert werden, während die IBA 1987 unter dem Titel der „behutsamen Stadterneuerung/ kritischen Rekonstruktion" Maßstäbe für eine sozialverträgliche Modernisierung innerstädtischer Quartiere legte (vgl. Eichstädt-Bohlig 2010b: 1). Sie weist zudem die typischen Eigenschaften eines *Festes* auf, da sie neben zahlreichen Akteuren, die sich an der Umsetzung der Projekte beteiligen, vor allem zur leichteren Mobilisierung von öffentlichen Mitteln genutzt wird (vgl. Ibert 2003: 106). Die abschließende Präsentation der fertigen Projekte im Jahr 2020 stellt schließlich einen *Bühneneffekt* dar. Sollten beispielsweise im Rahmen des ZLB-Projektes innovative technische Lösungen realisiert werden, so wird die Präsentation der optimale Zeitpunkt sein, um diese Innovationen einer großen Masse auf verständliche Weise zu vermitteln. Damit könnten die Entwicklungskosten, die derzeit mit 270 Millionen Euro veranschlagt sind (vgl. Schönball 2012) und den angespannten Berliner Haushalt schwer belasten werden, als gerechtfertigt dargestellt bzw. über sie hinweggetäuscht werden. Weiterhin würde eine IBA-Gesellschaft als *Sonderorganisation* die „inhaltliche Zielsetzung der Entwicklung" (Gundlach 2011b) des ZLB-Projektes übernehmen, wodurch eventuell mehr Freiraum für neue Ideen entstehen würde. Welche zusätzlichen Prinzipien innovationsorientierter Planung weiterhin zur Geltung kommen, wird schließlich der genaue Planungsprozess zeigen. Ähnliche Impulse wie die IBA für die baulichen Strukturen zu setzen vermag, kann schließlich auch die IGA für die Entwicklung der Parklandschaft geben (vgl. Kap. 5.2.9).

Nachdem bisher einzelne Planungsinstrumente analysiert wurden, werden im Folgenden drei Projekte vorgestellt, in denen explizit innovative Ansprüche formuliert wurden. Die Wahl fiel auf diese spezifischen Projekte, da hier bereits verschiedene planerische Maßnahmen umgesetzt wurden, die die Grundlage der folgenden Analyse bilden. Begonnen wird mit der „Adresse für innovatives Wohnen", dem Columbia-Quartier.

5.2.7 Das Columbia-Quartier: Streit um die Adresse für innovatives Wohnen

Abbildung 8: Das Columbia-Quartier aus der Vogelperspektive

Quelle: Senatsverwaltung für Stadtentwicklung (2009b)

Die Zukunft des Columbia-Quartiers wurde im ersten Masterplan des Jahres 1999 in den Grundzügen angedeutet und im überarbeiteten Masterplan (2008) weiter präzisiert. Darin wurde das Columbia-Quartier als Adresse für innovatives Wohnen vorgesehen, wobei neue, gemeinschaftliche Wohnformen verwirklicht werden sollten (vgl. Senatsverwaltung für Stadtentwicklung 2008c: 39).

Vor diesem Hintergrund startete die SenStadt im September 2008 den internationalen Wettbewerb „Prozessuale Stadtentwicklung Tempelhofer Feld – Columbia-Quartier". Laut Ausschreibung ging es nicht primär darum, einen möglichen städtebaulichen Endzustand zu entwerfen, sondern vor allem die nötigen Entwicklungsschritte, unter Einbindung von Zwischennutzungen, im Sinne einer prozessualen Entwicklung sollten aufgezeigt werden. Die Anforderungen an den Wettbewerb folgten somit den Erkenntnissen der „Ideenwerkstatt Tempelhof" von 2007. Übergeordnetes Ziel war es, die nördlichen Flächen des Flughafens städtebaulich mit den angrenzenden Bezirken Kreuzberg und Neukölln zu vernetzen. Innovativ sollten dabei nicht nur die Wohnformen in Form von Baugruppen, neuen Genossenschaftsmodellen oder Mehrgenerationenhäusern sein, sondern auch nachhaltige Baukonzepte waren ausdrücklich gewünscht, sowie ein innovatives Verkehrskonzept, das die angrenzenden Gebiete miteinander verbindet (vgl. Senatsverwaltung für Stadtentwicklung 2009b: 28 ff.). Denn vor allem die inselartige Lage in Bezug auf eine fehlende Anbindung an soziale als auch verkehrliche Infrastruktur stehen einer integrierten Entwicklung des Columbia-Quartiers im Wege (vgl. Hoffman 2010: 54). Vor diesem Hintergrund schrieb die SenStadt den nördlichen Bereich des Columbiadamms ebenfalls als Wettbewerbsgebiet aus, um so Ideen für eine bessere Anbindung an den S-Bahnhof Südstern gewinnen zu können. Da in diesem Gebiet allerdings auch eine etablierte Laubenkolonie, die Kolonie am Lilienthalquartier, vorzufinden ist, wurden kritische Stimmen laut. In der Folge beklagten Vertreter der Bürger, „dass der Senat an den Bürgern vorbei in der Fachöffentlichkeit einen Ideenwettbewerb inszeniert, dessen Ideen in der Konsequenz eine Verdrängung bisheriger Nutzer und bestehender Nutzungsstrukturen im Gebiet zur Folge habe" (Mieterrat Chamissoplatz e.V. 2009).

Als im Mai des Jahres 2009 die Entscheidung über den Wettbewerb fiel, brach Ernüchterung aus, da dieser „eigentlich nie entschieden wurde. Drei zweite Plätze wurden an die Büros Urban essences Architektur zusammen mit Lützow 7 Landschaftsarchitektur; Graft Architekten zusammen mit Büro Kiefer Landschaftsarchitektur sowie Chora architecture and urbanism zusammen mit Gross.Max Landschaftsarchitektur vergeben" (Polinna 2010). Besonders enttäuschend für einige Beobachter des Wettbewerbs war, dass wohl keiner der vorgeschlagenen Entwürfe (zur Ansicht und kurzen Beschreibung der Entwürfe vgl. Abb. V, VI und VII im Anhang) tatsächlich umgesetzt wird (vgl. Jürgens 2009). Die SenStadt betonte, dass jeweils nur einzelne Aspekte der Entwürfe gefielen, aber keiner in Gänze überzeugen konnte (vgl. Senatsverwaltung für Stadtentwicklung 2009d). Dennoch argumentierte die Senatsbaudirektorin Regula Lüscher, dass alle Lösungen eine gute Basis zur Weiterentwicklung des Masterplans und zur „Entwicklung des Geländes in einen innovativen Wohnstandort" (Senatsverwaltung für Stadtentwicklung 2009c: 12) bieten.

Infolgedessen wurde ein Änderungsverfahren zum FNP angestoßen. Dieses Änderungsverfahren führte schließlich dazu, dass sich die Bewohner der angrenzenden Bezirke Friedrichshain-Kreuzberg gegen die Bebauung mit Häusern in diesem Bereich wehrten, da sie Gentrifizierungsprozesse befürchteten. Diesem Protest schlossen sich auch die Pächter der Kolonie am Lilienthalquartier an, um die Verdrängung ihrer Lauben zu verhindern. Schließlich lehnten auch Bezirkspolitiker eine Bebauung aus Klimaschutzgründen ab und betonten, dass das geplante Columbia-Quartier den nächtlichen Luftaustausch unterbinden würde (vgl. Otto 2010). Insgesamt fühlten die Kritiker ihre Wünsche und Bedürfnisse in dem von der SenStadt initiierten Planungsprozess nicht ausreichend berücksichtigt (vgl. Keller & Oloew 2009). In der Folge änderte die SenStadt kurzerhand im Alleingang die Planung und aus der Adresse für innovatives Wohnen wurde ein Gesundheitsquartier mit Wohnbereichen (vgl. Spangenberg 2010). Allerdings will der amtierende Senator für Stadtentwicklung und Umwelt Michael Müller auch diese Pläne wieder kippen und stellt die Entwicklung des Columbia-Quartiers zu einem Gesundheitsquartier in Frage, da „es in Berlin bereits erfolgreiche Standorte für die Gesundheitsbranche gebe" (Zawatka-Gerlach 2012b). Er betonte, ohne jedoch einen konkreten Gegenvorschlag zu machen, dass diese innerstädtische Fläche sehr wertvoll sei, weshalb die richtigen Schwerpunkte gesetzt werden müssen. Ein Telefongespräch am 21. März 2012 mit Ariane Kloos, Planungs- und Entwicklungsbeauftragte der Tempelhof Projekt GmbH, verdeutlichte, dass die SenStadt derzeit an einem Konzept für diesen Bereich arbeiten würde. Möglich wäre noch immer ein Gesundheitsquartier oder auch ein Sportquartier. Dies werde die SenStadt zeitnah der Öffentlichkeit vorstellen. Die Zukunft des Columbia-Quartiers steht somit zum jetzigen Zeitpunkt (Mitte des Jahres 2012) wieder vollkommen offen.

Um den Innovationsansprüchen in Bezug auf Wohnformen, verkehrliche Anbindung und Ressourceneffizienz gerecht zu werden, startete die SenStadt im Jahr 2008 den offenen Wettbewerb „Prozessuale Stadtentwicklung Tempelhofer Feld – Columbia-Quartier". Da verschiedene Experten und Projektgruppen parallel an Entwürfen arbeiteten, wurde im Sinne einer *Steigerung der Verhaltensheterogenität* versucht, das Lösungsspektrum zu erweitern, so dass am Ende zumindest einer der 80 eingereichten Entwürfe eine Lösung außerhalb der Routine bieten würde. Vor allem aber motivierte die Konkurrenzsituation die Beteiligten zu Höchstleistungen. Es wurde zudem, gemäß einer *Integration von Fremdheit* anvisiert, durch den internationalen Wettbewerb „das Know-how von außerhalb systematisch zu gewinnen und einbeziehen zu können" (Ibert 2003: 96). Diesem Umstand ist es wohl auch geschuldet, dass der visionärste Entwurf der drei „Wettbewerbsgewinner" nicht aus Deutschland sondern aus Großbritannien kam (Chora architecture and urbanism zusammen mit Gross.Max. landscape architects). Sie interpretieren das Columbia-Quartier als ein Experimentierfeld für nachhaltiges Bauen (vgl. Junge-Reyer 2009: 9; Polinna 2010), während die beiden anderen „Siegerentwürfe", jeweils aus Berlin stammend, eher auf klassische städtebauliche Mittel setzen. Die Tatsache, dass drei zweite Plätze vergeben wurden, scheint aus innovationstheoretischer Sicht einleuchtend, da somit Entscheidungsspielräume nicht frühzeitig eingegrenzt wurden, sondern stattdessen aus einem Pool an Alternativen der Preisträgerarbeiten selektiert werden kann (vgl. Junge-Reyer 2009: 2).
Förderlich für das Entstehen von innovativen Ansätzen in den Entwürfen war sicherlich auch die Ausdehnung des Wettbewerbsgebietes, um mit Anbindungen an die angrenzenden Gebiete experimentieren zu können. Dies gewährte den Wettbewerbsteilnehmern größere Freiheiten, umfassende Visionen bezüglich des Columbia-Quartiers zu entwickeln. Die Wettbewerbsteilnehmer nutzten diese Möglichkeit, was wiederum einen Lernprozess bei der Sen-

Stadt in Gang setzte, da sie auf Grundlage der Entwürfe schließlich ein Änderungsverfahren für den FNP einleitete. Dieses Änderungsverfahren rief allerdings heftige Kritik bei den Bewohnern, Pächtern und Politikern der angrenzenden Bezirke hervor. Deutlich wird hier der Konflikt, dass die spontane Planänderung wie im Falle des FNP-Änderungsverfahrens zwar eventuell innovative Möglichkeiten für die Anbindung des Columbia-Quartiers an die angrenzenden Quartiere gewährleistet hätte. Jedoch fühlten sich Zivilgesellschaft und die Bezirkspolitiker (als Interessenvertreter der Zivilgesellschaft) durch den Alleingang der SenStadt düpiert, da ihre Interessen nicht berücksichtigt zu sein schienen, was sie im Protest gegen die Planung ausdrückten. Der folgende Konflikt führte zur Blockade des Planungsverfahrens und schließlich zur Annullierung der bisherigen Pläne.

Auf die Tatsache, dass Innovationen kaum in konfliktträchtigen Kontexten umgesetzt werden können, hatte bereits Ibert (2005: 604) hingewiesen und angemahnt, dass „„Heiße Eisen', als verzwickte Fälle, in denen sich Konflikte aufgestaut haben, [...] von innovationsgenerierenden Strategien elegant umgangen werden [müssen]". Denn „es gehört zu den Spielregeln innovationsorientierter Planung, dass Entscheidungen ausschließlich im Konsens getroffen werden" (Ibert 2003: 103), auch wenn dies in der Praxis vermutlich als eher unrealistisch anzusehen ist. Dass die Planungen zum Columbia-Quartier allerdings weit entfernt von Konsens sind, verdeutlicht die Verwerfung der überarbeiteten Pläne (das Gesundheitsquartier) durch den Stadtentwicklungssenator Michael Müller. Solange nicht einmal bei den Zuständigen der SenStadt Einigkeit über das weitere Vorgehen herrscht, werden es nicht nur innovative Neuerungen schwer haben, sondern jegliche Planung.

5.2.8 Das alte Flughafengebäude wird Bühne des Neuen

Abbildung 9: Das Flughafengebäude aus der Vogelperspektive

Quelle: Brendel (2008)

Während das Flughafengebäude im Masterplan des Jahres 1998 noch mit Nutzungen aus dem Bereichen Freizeit, Technologieentwicklung und Wissensvermittlung belebt werden sollte, formulierte der überarbeitete Masterplan (2008) Nutzungen aus den Bereichen Kultur-, Medien- und Kreativwirtschaft für das Tempelhofer Forum THF (vgl. Senatsverwaltung für Stadtentwicklung 2008c). Diesem Nutzungsszenario sollte auch eines der sechs entwickelten Leitbildthemen Rechnung tragen, indem das Gebäude „zur Plattform für zukunftsorientierte Diskurse und innovative Produkte" (Senatsverwaltung für Stadtentwicklung 2010e), also zur Bühne des Neuen erklärt wurde. Durch verschiedene Veranstaltungen in der Haupthalle, den Hangars und auf dem Vorfeld soll das Gebäude Aufmerksamkeit für das Gesamtprojekt Tempelhofer Freiheit generieren und Veranstalter aus den Bereichen Mode- und Lifestyle, neue Technologien, Sport und Design anlocken, die hier innovative Produkte vorführen können. Daher wurde im September 2008 ein internationaler „Call for Ideas" für das Flughafengebäude eingerichtet, um nationale und internationale Investoren und Partner zu gewinnen, die das Mammutgebäude mit kreativen Projekt- und Nutzungsideen mit Leben erfüllen. Hierbei wurden laut SenStadt „61 vollständige Projektanträge eingereicht" (Senatsverwaltung für Stadtentwicklung 2009e), wobei das stärkste Interesse an der Nutzung der Hangars und am

Vorfeld bekundet wurde. Durch das Verfahren sollten Interessen und Nutzungsmöglichkeiten ermittelt werden, die als Grundlage für das Planungsrecht des Flughafengebäudes und die Durchführung konkreter Vergabeverfahren dienen (vgl. Senatsverwaltung für Stadtentwicklung 2008a).

Noch während der Prüfung der Vorschläge trat Klaus Wowereit zusammen mit der Berliner Immobilienmanagement GmbH, die für die Verwaltung des Gebäudes zuständig ist, und Karl-Heinz Müller, Geschäftsführer der Bread and Butter GmbH, in Verhandlungen, von denen die Stadtentwicklungssenatorin Ingeborg Junge-Reyer nichts wusste (vgl. Beier & Sontheimer 2009). Das Ergebnis dieser Zusammenkunft war ein Zehnjahresvertrag mit der bekannten Modemesse, für den der regierende Bürgermeister viel Kritik einstecken musste. Auch der Versuch des Filmbetriebs Berlin Brandenburg, einer der Beteiligten des Interessenbekundungsverfahrens, den Vertrag zwischen Bund, Land und Modemesse zu kippen, scheiterte vor dem Bundeskartellamt (vgl. Maroldt 2009).

Vor dem Hintergrund, dass in Tempelhof innovationsträchtige Unternehmen angezogen werden sollten, die einen Imagewechsel herbeiführen und somit zur Entwicklung des Gebietes beitragen, wird im Folgenden analysiert, mit welchen Strategien dies versucht wurde.

Auch wenn Ibert (2003) Interessenbekundungsverfahren, wie den „Call for Ideas" für das Flughafengebäude nicht explizit als ein Instrument zur *Integration von Fremdheit* nennt, kann dieses Verfahren als ein solcher Versuch interpretiert werden. Durch den Aufruf konnten nationale und internationale Partner ihre Umnutzungsideen für das Gebäude einbringen, was sich in insgesamt 61 Projektanträgen niederschlug. Die volle Produktivität des Verfahrens liegt jedoch darin, dass die Teilnehmer des Verfahrens ihre Ideen nicht nur einbringen konnten, sondern sie auch auf ihre jeweils eigene Art und Weise in den Ort einpassen sollten. Im Sinne Simmels wären sie somit der Fremde gewesen, „der heute kommt und morgen bleibt" (Simmel 1908: 509) und hätten sich dabei intensiv mit den Gegebenheiten auseinandersetzen müssen, um ihre Ideen umsetzen zu können, wie es beispielsweise auch bei den Raumpionierprojekten der Fall ist.

Dass dieses Konzept nicht aufgegangen ist, kann der machtvollen Position des regierenden Bürgermeisters zugeschrieben werden. So war Wowereit nicht an den Aushandlungsprozessen der Ideen zum Interessenbekundungsverfahrens interessiert und hat quasi im Alleingang seine Wünsche durchgedrückt (vgl. Schoelkopf, Fahrun & Mallwitz 2009). Mit einer *Subjekt-Subjekt-Interaktion* auf einem *mittleren Machtniveau*, bei der Lernprozesse zwischen Beteiligten angestoßen werden, hat ein solches Vorgehen jedenfalls nichts gemein. Die 61 Konzepte, die in das Interessenbekundungsverfahren eingereicht wurden, waren somit erst einmal passé, ebenso wie das 2007 erarbeitete prozessuale Nachnutzungskonzept, da die Hangars, die Haupthalle sowie die Vorfeldflächen für je zwei Termine jährlich geblockt wurden und damit potenziellen Mietern die Möglichkeit genommen wurde, sich längerfristig nieder zu lassen (vgl. ddp 2009; Polinna 2010).

Jedoch muss auch eingestanden werden, dass eine Modemesse wie die Bread and Butter sowie auch die vielfältigen weiteren Veranstaltungen – hierzu gehört beispielsweise die Pyronale, verschiedene Musikfestivals als auch die Messe für Elektromobilität Cleantech – die das Gebäude mittlerweile regelmäßig bespielen, *charismatische Wirkungen* vor allem auf Außenstehende ausüben. Diese Veranstaltungen haben einen *Bühneneffekt*, da dort Spektakuläres in Form von neuen Modetrends, eindrucksvollem Feuerwerk oder auch wegweisenden Mobilitätskonzepten der Öffentlichkeit vorgestellt und erklärt wird. In der Folge wird durch die Sichtbarkeit der Veranstaltungen in den Massenmedien Beachtung für das Gesamtprojekt Tempelhofer Freiheit generiert. Diese Sichtbarkeit hat offensichtlich auch eine Sogwirkung auf Investoren, da es im Jahr 2011 bereits über 1000 Mietanfragen bezüglich weiterer Teile des Gebäudes gab (vgl. HDK 2011). Aber auch negative Begleiterscheinungen wie die hohen laufenden Kosten werden zum einen durch den Begeisterung auslösenden Bühneneffekt der Veranstaltungen überspielt und zum anderen durch die laufenden Mieteinnahmen relativiert. Diese können in die Entwicklung des Feldes reinvestiert werden. Inwiefern diese Einnahmen allerdings die jährlichen Ausgaben von etwa 14 Millionen Euro decken können, die das Land Berlin zur Erhaltung des Gebäudes aufbringen muss, bleibt fraglich (vgl. Beier & Sontheimer 2009).

5.2.9 Die Parklandschaft: hohe Ansprüche trotz geringer Mittel

Abbildung 10: Die Parklandschaft aus der Vogelperspektive

Quelle: Wächter (2008)

Das Kernstück der Planung zur Nachnutzung Tempelhofs, die Parklandschaft, wurde aufgrund der klimatischen Bedeutung für die umliegenden, dicht bebauten Bezirke Friedrichshain-Kreuzberg, Neukölln und Tempelhof-Schöneberg bereits sehr früh von Konsens getragen. Innovationsansprüche wurden dann vermehrt in der Wettbewerbsauslobung zur Parklandschaft formuliert. So sollten innovative Gestaltungselemente und -konzepte Eingang in die Parkplanung finden und der Innovationaspekt selbst wurde als ein wesentliches Bewertungskriterium formuliert („Innovation als Beitrag für eine urbane Parklandschaft des 21. Jahrhunderts (Senatsverwaltung für Stadtentwicklung 2010f: 49)). Vor diesem Hintergrund soll auch das Planungsverfahren zur Parklandschaft vorgestellt und innovationsfördernde bzw. -hemmende Elemente analysiert werden.

Die Umwandlung des Tempelhofer Feldes in einen urbanen Park wurde bereits im FNP von 1994 formell festgeschrieben, infolge der Konzeptwerkstatt (1995) sowie der Zukunftswerkstatt (1998) weiter bestärkt und schließlich im Masterplan des Jahres 1999 informell verankert. Um die in der Auslobung geforderten innovativen Gestaltungselemente auch mit den Ansprüchen der späteren Parknutzer vereinbaren zu können, fand in Vorbereitung des Wettbewerbs im Oktober 2009 eine Bürgerbeteiligung statt. Hierbei konnten Interessenten im Rahmen einer Werkstatt-Ausstellung den derzeitigen Planungsstand besichtigen und auch an Führungen und Bustouren auf dem Gelände teilnehmen, um einen Eindruck der Parklandschaft zu erlangen. In diesem Zusammenhang wurden anschließend Fragebögen verteilt, die die Vorstellungen und Nutzungsanforderungen der Öffentlichkeit zur künftigen Parklandschaft erfassten. Von den insgesamt 3.500 Personen, die das Angebot zur Bürgerbeteiligung wahrnahmen, beantworteten 1.278 Personen den Fragebogen vollständig (vgl. Dieser, Maier & Prieb 2009: 3). Der Fragebogen beinhaltete Fragen zu den Gründen eines Parkbesuchs, welche Gestaltungselemente und Nutzungsangebote einen Park besonders machen aber auch ob Interesse bestehe, den Park durch persönliches Engagement zu gestalten. Weiterhin konnten persönliche Ideen und Wünsche auf Wunschzetteln vermerkt werden (vgl. Senatsverwaltung für Stadtentwicklung und Umwelt 2011b: 215). Gespickt mit diesen Informationen wurde schließlich Anfang des Jahres 2010 der international offene landschaftsplanerische Wettbewerb „Parklandschaft Tempelhof" durch die SenStadt initiiert (vgl. Schoelkopf 2011). Insbesondere Landschaftsarchitekten waren aufgefordert, Vorschläge für die Gestaltung der 260 ha großen Freifläche einzureichen, aber auch „als Masterplaner den Entstehungsprozess [zu] steuern und [zu] begleiten" (Senatsverwaltung für Stadtentwicklung 2010h). Gemäß dem durch das TIT ausgearbeiteten Konzept sollten auch hier eine prozessuale Entwicklung mithilfe von Pioniernutzungen und der IGA, sowie eine dynamische Masterplanung umgesetzt werden. Die Anforderungen, die dabei an die Entwürfe gestellt wurden, klangen in der Ausschreibung höchst ambitioniert. So sollten die Entwürfe durch ausgeklügelte Wegebeziehungen zur räumlichen Integration des Gebietes in die angrenzenden Bezirke beitragen, aber auch in sozialer Hinsicht ein Treffpunkt für unterschiedliche soziale Milieus und Kulturen werden sowie in ästhetischer, ökologischer und wirtschaftlicher Sicht Maßstäbe setzen. Vor allem letztgenannter Aspekt benötigt innovative Lösungsansätze, da die öffentlichen Mittel für den Unterhalt immer weiter gekürzt werden sollen, wodurch neue Konzepte der Bewirtschaftung nötig sind (vgl. Senatsverwaltung für Stadtentwicklung 2010f: 8). In Bezug auf konkrete Gestaltungsvorgaben wurden bis auf die oben genannten Anforderungen keine Richtlinien oder Einschränkungen aufgestellt.

Mit der Öffnung des Feldes im Mai 2010 wurden die Entwürfe zum landschaftsplanerischen Wettbewerb der Öffentlichkeit präsentiert. In Diskussionsrunden, Workshops und Präsentationen konnten sich Bürger über die Entwürfe informieren und ihre Meinung in Form von Hinweisen und Wünschen einbringen. Die SenStadt zeichnete schließlich sechs der insgesamt 78 Teams mit einem Preisgeld aus und ließ diese für das weitere Verhandlungsverfahren zu, bei dem die Entwürfe erneut überarbeitet werden konnten (vgl. Senatsverwaltung für Stadtentwicklung 2010g).

Im April 2011 konnte der offene landschaftsplanerische Wettbewerb abgeschlossen werden. Den Zuschlag erhielt das Landschaftsarchitektenbüro Gross.Max aus Edinburgh sowie die Architekten und Stadtplaner Sutherland and Hussey, ebenfalls aus Edinburgh.

Abbildung 11: Entwurf von Gross.Max, Edinburgh/Sutherland and Hussey, Edinburgh

Quelle: Senatsverwaltung für Stadtentwicklung und Umwelt (2011a)

Markanteste Elemente des Entwurfs (vgl. Abb. 11) sind Kreise und Ovale mit deren Hilfe die Landebahnen sowie das Flughafengebäude in die Parklandschaft integriert werden. Weiterhin soll ein Teich direkt vor dem Vorfeld, sowie ein Kletterfelsen im östlichen Bereich errichtet werden. Um sich vor dem Verkehrslärm der südlich gelegenen Autobahn zu schützen wird dieser Bereich mit Bäumen gesäumt. Die Vernetzung wird auf der West-Ost-Achse durch die Landebahnen gewährleistet und in Bezug auf die Nord-Süd-Achse durch neu anzulegende Wege. Zudem wird betont, dass es dem Entwurf gelingt, die IGA „klug als Katalysator für die Realisierung der Parklandschaft" (Senatsverwaltung für Stadtentwicklung 2010c: 5) einzubeziehen, da sie einen wichtigen Baustein für die stufenweise Entwicklung des Parks darstellt.

Auch etablierte Pioniernutzungen werden im Entwurf ihren Platz finden, weshalb zusammenfassend betont wird, dass das Konzept „ein großes Potenzial für ein innovatives neues Parkbild und neue, auch wirtschaftliche Nutzungen des Ortes" (ebd.: 2) beinhaltet.

Ein weiterer Meilenstein hinsichtlich der Entwicklung des Tempelhofer Feldes wurde somit bereits angeschnitten: Durch die Ausrichtung einer IGA im Jahr 2017, wofür sich Berlin im Jahr 2009 erfolgreich beworben hatte, soll die Entwicklung der Parklandschaft vorangetrieben werden (vgl. Senatsverwaltung für Stadtentwicklung 2010f: 28). In Anlehnung an frühere Gartenbauausstellungen, wie beispielsweise die Bundesgartenschau in Neukölln, bei der eine vormals landwirtschaftlich genutzte Fläche binnen 7 Jahren in einen Landschafts- und Freizeitpark verwandelt wurde, der auch heute noch als „Britzer Garten" erlebbar ist, hofft die Stadt Berlin auch für die Parkflächen Tempelhofs auf eine ähnlich „innovativ inszenierte landschaftsarchitektonische Umsetzung" (Senatsverwaltung für Stadtentwicklung 2009a: 43).

Ein Blick auf das Planungsverfahren zur Parklandschaft lässt zunächst einmal große Hoffnungen auf einen innovativen Park aufkommen, da verschiedene Verfahren zur *Integration von Fremdheit* nacheinander Anwendung fanden. Zunächst wurden zusammen mit Bürgern *lernförderliche Netzwerke* durch zwei Bürgerbeteiligungsverfahren geschaffen. So konnten beim ersten Beteiligungsverfahren des Jahres 2009 insgesamt 1.278 Fragebögen von Bürgern erfasst werden, in denen sie Wünsche zu Gestaltungselementen geäußert hatten. Bei genauerer Betrachtung der Wünsche der Bürger – hier stehen ganz oben WC-Anlagen, Erholungsbereiche, Sitzgelegenheiten, große Bäume etc. (vgl. Dieser et al. 2009: 9) – wird allerdings deutlich, dass diese eher pragmatischer Art sind und wenig mit innovativen bzw. neuartigen und ungewöhnlichen Gestaltungselementen gemein haben. Ein Grund für diese konventionellen Wünsche könnte in der Frageformulierung („Was wünschen die Besucher als Gestaltungselemente und Nutzungsangebote in der neuen Parklandschaft" (ebd.)) liegen, da diese offensichtlich weniger zum freien Assoziieren anregt.

Aber auch das zweite Bürgerbeteiligungsverfahren, das ein Jahr später stattfand, führte zu Veränderungen und zwar diesmal bezüglich der Inhalte der Wettbewerbsentwürfe. So betont der Sieger des Wettbewerbs, Eelco Hooftmann, dass sein erster Entwurf viel plakativer war, während der zweite Entwurf, nachdem dieser der Kritik ausgesetzt wurde, wesentlich nüchterner und realistischer geworden sei (vgl. Eelco Hooftman im Interview mit der Stadtbauwelt, 102 (191)). Diese Aussage wird durch eine genauere Betrachtung des Siegerentwurfs bestätigt. Denn auch wenn hier zwei international renommierte Büros aus Edinburgh ihre *fremdartigen Sichtweisen* auf den Gegenstand einbrachten und keine formellen Vorgaben die gestalterische Freiheit eingrenzten, lassen sich kaum innovative Elemente verorten, da ihr Vorschlag bis auf ein paar wenige, neue Gestaltungselemente, im Wesentlichen nichts zu verändern gedenkt (vgl. Hascher 2012). Der Umstand, dass ihr Entwurf überwiegend an das bereits Gegebene anschließt und nur um einzelne Elemente ergänzt, wird ferner dem beschränkten Kostenrahmen von 61 Millionen Euro geschuldet sein, der zur Entwicklung des Parks veranschlagt wurde (vgl. Schoelkopf 2011).

Denn eines ist sicher, um Innovationen wie im Kontext der IBA Emscher Park oder der Expo 2000 in Hannover zu erzeugen, müssen erhebliche finanzielle Mittel mobilisiert werden (vgl. Ibert 2003: 82 f.). Diese stehen allerdings im Berliner Kontext nicht zur Verfügung (vgl. Senatsverwaltung für Stadtentwicklung 2010f: 48), weshalb Regula Lüscher betont, dass „wir nicht mehr die großen gestalterischen Dinge tun können" (Regula Lüscher im Interview mit der Stadtbauwelt, 102 (191)). Man könnte somit formulieren, dass die in der Ausschreibung zum Wettbewerb geforderten innovativen Gestaltungselemente zum einen durch konservative Wünsche der Bürger überformt wurden und zum anderen den Sparbestrebungen des Berliner Senats zum Opfer fielen. Die fehlenden finanziellen Mittel sind zudem einer der Gründe, weshalb der Berliner Senat auf dem Tempelhofer Feld 2017 eine IGA veranstalten wird. Durch diese *charismatische Institution* können zwei wesentliche Ressourcen zur weiteren Entwicklung der Parklandschaft mobilisiert werden. Einerseits werden sich neben den Raumpionieren „viele kreative und neugierige Menschen aus dem gärtnerischen Berufsstand und aus Berlin [...] als Ideengeber, Unternehmer und Akteure an Ausstellungen und Projekten beteiligen" (Senatsverwaltung für Stadtentwicklung 2009a: 59). So können vielfältige Ideen und Lösungsansätze generiert werden, wodurch das Gelände besondere gestalterische Qualitäten aufweisen wird, die schließlich einem großen Publikum präsentiert werden können. Andererseits wird dieses Publikum dafür sorgen, dass die Ausrichtung der IGA und die damit verbundenen Kosten in Höhe von 50,5 Millionen Euro nicht allein durch das Land Berlin getragen werden müssen. Laut Berechnungen der Wirtschaftsprüfungsgesellschaft KPMG werden ca. 3,5 Millionen Besucher Einnahmen in Höhe von 37 Millionen Euro einspielen, wodurch Berlin „nur" noch einen Zuschuss von 13,5 Millionen Euro leisten müsste (vgl. Senatsverwaltung für Stadtentwicklung 2009a: 80). Es wird somit deutlich, dass im Rahmen der IGA Gelder mobilisiert werden, die den Berliner Haushalt entlasten. Die IGA weist somit wesentliche Eigenschaften eines *Festes* auf – sie mobilisiert verschiedene Akteure, die mit großem Engagement an der Umsetzung ihrer Projekte arbeiten, um die IGA zu etwas Besonderem zu machen und spielt gleichzeitig Gelder für die Entwicklung des Feldes durch die Besuchereinnahmen ein. Aber auch ein *Bühneneffekt* ist ihr angehaftet, da sie als Marketingmaßnahme einen hohen Zustrom von Touristen gewährleistet, die sich von den inszenierten Landschaften begeistern lassen und dem Land Berlin somit internationale Beachtung verschaffen wird. Die Innovationsansprüche bezüglich der Entwicklung des Parks sollen somit durch das prozessuale Entwicklungskonzept, das auf der IGA und den Raumpionierprojekten aufbaut, geltend gemacht werden.

5.2.10 Zwischenfazit III: mäßige Innovationspotenziale trotz vieler Planungsinstrumente

Die Ausgangsfragestellung dieser Studie bezieht sich auf die Möglichkeitsräume von Planungsinstrumenten bezüglich der Ansprüche einer innovativen Nachnutzung des Tempelhofer Feldes. Nachdem nun ausgewählte Planungsinstrumente vorgestellt wurden, kann konstatiert werden, dass sich die Innovationspotenziale dieser als sehr unterschiedlich darstellen. So konnten zwar verschiedene Prozesselemente ausfindig gemacht werden, die den Prinzipien innovationsorientierter Planung entsprechen (vgl. Tab. 2), jedoch waren diese häufig mit eigenen Problemen behaftet, wie die vorangehende Analyse zeigt. Dieses Kapitel fasst daher die zentralen Analyseergebnisse im Hinblick auf innovationsfördernde Prozesselemente zusammen und gibt Anregungen, wie die Instrumente im Kontext der Innovationsbestrebungen geschärft werden können.

Tabelle 2: Zuordnung der Planungsinstrumente zu den Prinzipien innovationsorientierter Planung

1. Planung durch Verzicht auf (klassische) Planung	2. Charisma oder: Die Organisation von Außeralltäglichkeit	3. Die Organisation lernförderlicher Netzwerke
Vage Ziele: - In Zukunftswerkstatt erarbeitete Zukunftsbilder - Leitbilder der Tempelhof Projekt GmbH - Vage und häufig revidierte Ziele im gesamten Planungsprozess (vgl. Planung zum Columbia-Quartier in Kap. 5.2.7)	Fest: - IGA - IBA	Subjekt-Subjekt-Interaktionen: - Moderiertes Workshopverfahren des TIT
Oberflächliche Informationen: - Dynamischer Masterplan	Bühne: - IGA - IBA - Raumpionierprojekte - Messen, Festivals	Steigerung der Verhaltensheterogenität: - „Schrotschusslogik" der Wettbewerbe
Revidierbarkeit: - Dynamischer Masterplan - Revidierbarkeit wird eingeschränkt, da Planungsrecht geschaffen wird	Sonderorganisation: - Team Ideenwerkstatt Tempelhof - Tempelhof Projekt GmbH - IBA-Gesellschaft	Integration von Fremdheit: - Zukunfts- und Konzeptwerkstatt - Mehrstufiger Onlinedialog - Wettbewerbe

Quelle: Eigene Darstellung

Am wohl stärksten kamen *lernförderliche Netzwerke* in Form von Partizipationsverfahren und Wettbewerben zum Tragen, wobei neben Experten häufig auch Laien ihre fremden Perspektiven einbringen konnten. Mit Blick auf die Schwachpunkte ist es empfehlenswert, Partizipationsverfahren nicht nur bei Projekten wie der Parklandschaft durchzuführen, sondern auch die geplante Randbebauung stärker mit Bürgern, Bezirksverwaltungen und Experten aus Wissenschaft und Wirtschaft zu planen, um ihnen im Planungsprozess mehr Gestaltungskraft zu verleihen und nicht erst mit fertigen Ergebnissen zu konfrontieren. Dies erhöht auch die Akzeptanz der Projekte und kann somit dazu beitragen, Kosten und Zeit zu sparen (vgl. Bischoff et al. 2007: 22). Jedoch kann die Frage, wie innovationsfördernd (Bürger-)Partizipation sein kann, an dieser Stelle nicht abschließend beantwortet werden. Sicher werden durch Partizipationsverfahren viele Ideen hervorgebracht, die Entscheidung im Konsens schafft jedoch gleichzeitig auch unüberwindbare Hürden für fremdartige und ungewohnte Ideen. Zudem werden außergewöhnliche Vorschläge gelegentlich durch Kategorisierung nivelliert, wie im Partizipationsverfahren „Tempelhofer Freiheit" (vgl. Kap. 5.2.2) geschehen. Daher sollte eine Schärfung der Erhebungs- und Auswertungsstrategien angestrebt werden, um die Möglichkeitsräume von Partizipationsverfahren besser ausschöpfen zu können.

Insbesondere die verschiedenen Wettbewerbe führten zu einer *Steigerung der Verhaltensheterogenität*. Mit ihrer „Schrotschusslogik" (vgl. Ibert 2003: 105) tragen sie dazu bei, dass am Ende des Prozesses oft wenigstens ein brauchbarer Entwurf das Wettbewerbsziel "trifft" oder

Anschlussmöglichkeiten für weitere Überlegungen bietet (vgl. hierzu den Wettbewerb zum Columbia-Quartier in Kap. 5.2.7.). Dem Ziel am nahesten kamen dabei vor allem internationale Teilnehmer, was deren besondere Bedeutung bezüglich der Integration fremdartiger Perspektiven unterstreicht. Diese Verfahren sollten in Zukunft verstärkt werden, wobei darauf zu achten wäre, dass innovative Ansätze in den Entwürfen nicht durch begrenzte Kostenrahmen eingeengt werden. Dies stellt jedoch in Anbetracht der angespannten Haushaltslagen in den verschiedenen Bundesländern und insbesondere in Berlin keine leicht umzusetzende Forderung dar.

Die zwei vorgestellten *Sonderorganisationen* stellen sich im Hinblick auf ihre Innovationsförderlichkeit sehr differenziert dar. So erarbeitete das TIT, als ein neu zusammengesetzter Verband unterschiedlicher Experten, mithilfe von Kreativitätstechniken ein innovatives Stadtentwicklungskonzept, das *Revidierbarkeit* von Entscheidungen erleichtern sollte und zudem unterschiedliche Akteure und Strategien in den Entwicklungsprozess integrierte. Aufgrund ihres innovationsfördernden Charakters wäre es empfehlenswert, diese Organisation zu reaktivieren, so dass sie den Entwicklungsprozess weiter begleitet und durch neue Ideen sowie überarbeitete Konzepte vorantreibt. Demgegenüber erscheint die Tempelhof Projekt GmbH im Kontext einer innovationsorientierten Planung als ungeeigneter Akteur, da sie weder die Öffentlichkeit in den Planungsprozess einbindet, noch eine ergebnisoffene Planung anstrebt. In Anlehnung an Bodenschatz et al. (2011: 26 ff.) wäre hier eine kleine, operative Planungsgruppe empfehlenswert, die „ohne Scheu vor eingefahrenen Strukturen und vor bürokratischen Hürden konkrete Lösungen für die planerischen Probleme vor Ort findet", dabei jedoch die explizit geforderten Innovationsansprüche nicht aus den Augen verliert.

Die Instrumente zur „Festivalisierung der Stadtpolitik" (Häußermann & Siebel 1993), die IBA und die IGA, weisen außer Frage stehende Innovationspotenziale auf, da diverse Prinzipien innovationsorientierter Planung zum Tragen kommen. Prämisse ist jedoch, dass sie ein relevantes Problemfeld bearbeiten und nicht durch inflationären Gebrauch abgenutzt werden. Von weiterem großen Innovationspotenzial zeugen die Raumpionierprojekte, wobei diesbezüglich etwas mehr Mut von Seiten der SenStadt empfehlenswert wäre, auch unkonventionelle Projekte umzusetzen.

Ein Blick auf die drei vorgestellten Projekte verdeutlichte darüber hinaus, dass Kompetenzrangeleien sowie fehlende Kooperation zwischen verschiedenen institutionellen Akteuren wesentliche Schwachpunkte darstellen. Erinnert sei dahingehend an das Einmischen des regierenden Bürgermeisters bezüglich der Nachnutzung des ehemaligen Flughafengebäudes. Hier wäre etwas mehr Zurückhaltung wünschenswert, da diese Top-Down-Planungen immer wieder zu Irritationen und Unmut, vor allem auf Seiten der Öffentlichkeit, führen und zudem die Bottom-up-Planungen untergraben. Immerhin konnte sein Vorgehen einen langfristigen Büheneffekt sichern, Aufmerksamkeit für das Gesamtprojekt generieren und auch das Interesse von Investoren wecken. Ebenso scheint auch der Senator für Stadtentwicklung Michael Müller das Planungsverfahren gelegentlich zu blockieren, da er stets Forderungen zur Überarbeitung bestehender Konzepte formuliert, jedoch nicht mit Alternativkonzepten überzeugen kann.

Bezüglich der fehlenden Kooperation wird betont, dass eine bessere Zusammenarbeit der SenStadt mit den Bezirken Friedrichshain-Kreuzberg und Neukölln bei den Planungen zum Columbia-Quartier viel Zeit und Kosten hätte sparen können. Ferner scheinen auch die SenStadt und die Tempelhof Projekt GmbH noch keinen gemeinsamen Nenner bezüglich der weiteren Planung gefunden zu haben, da sich erstere immer wieder in das Planungsverfahren einmischt und die Arbeit der Entwicklungsgesellschaft damit kontinuierlich konterkariert. Eventuell wäre daher die Beauftragung eines Mediators sinnvoll, um im Netzwerk die zur Zeit noch losen Kooperationen zielorientierter anzugehen und die Kommunikation der einzelnen Akteure zu fördern.

Beide Aspekte, die Kompetenzrangeleien und die fehlende Kooperation zwischen den verschiedenen institutionellen Akteuren, konnten mithilfe der Prinzipien innovationsorientierter Planung nur unzureichend gefasst werden, da diese überwiegend technische Maßnahmen anbieten mit deren Hilfe die Innovationsfähigkeit von stadtplanerischen Tätigkeiten erhöht werden kann. Diese sozialen Aspekte, die auf Interessenkonstellationen und Machtstrukturen beruhen, spielen jedoch für den Verlauf des Planungsverfahrens eine entscheidende Rolle, weshalb sie Erwähnung fanden. Wie diese Begrenzung der Prinzipien innovationsorientierter Planung in zukünftigen Forschungsprojekten gelöst werden kann, wird folgend im Fazit reflektiert. Zudem wird ein Resümee zum Fallbeispiel gezogen und abschließend bewertet, inwiefern es gerechtfertigt ist, Tempelhof als ein Innovationsfeld zu bezeichnen.

6 Fazit: Tempelhof bleibt Konfliktfeld

Die Darstellung des Fallbeispiels verdeutlichte, dass der Planungsverlauf zum Tempelhofer Feld kein einfaches Unterfangen ist, da es viele, überwiegend soziale Faktoren gibt (z.B. Interessenkonstellationen und Machtstrukturen in den institutionellen Arrangements), die diesen beeinflussen und daher eine Geradlinigkeit bzw. Zielgerichtetheit erschweren. Dennoch eignet es sich hervorragend, um die Prinzipien innovationsorientierter Planung auf deren Praxistauglichkeit zu überprüfen, da die semantisch geäußerten Innovationsansprüche der stadtplanerischen Praxis gegenüber gestellt werden konnten.

Einführend verdeutlichte ein Blick auf die Geschichte, dass Tempelhof in der Vergangenheit ein Ort der Pioniere und Innovation war. An diese Historie versucht die SenStadt heute wieder anzuknüpfen, auch wenn sie dies, so scheint es zumindest, vorerst nur auf der semantischen Ebene tut.

Eine Verortung des Tempelhofer Feldes im Raum sowie eine soziostrukturelle Beschreibung der angrenzenden Gebiete zeigte, dass (innovationsorientierte) Projekte immer die Anbindung an und vor allem die Problemlagen der angrenzenden Bezirke in den Blick nehmen müssen. Projektvorschläge, die für die jeweiligen Quartiere gemacht werden, sollten mit einer umfangreichen Problemevaluation verbunden sein, um so die richtigen Impulse setzen zu können, von denen auch die angrenzenden Gebiete profitieren.

Die Betrachtung der Akteure und ihrer Interessen veranschaulichte, dass die Nachnutzung des Flughafens Tempelhof aufgrund der innerstädtischen Lage und der Erinnerungen, die mit dem Flughafen verbunden sind, kontrovers diskutiert wird. Die umfangreichen Interessenlagen und Bedeutungszuschreibungen sind einer der Hauptgründe, weshalb das Planungsverfahren immer wieder stark blockiert wird. Der Anspruch eine Konsenslösung zu finden, die von allen Beteiligten getragen wird, scheint daher beinahe unmöglich. Eine bessere Einbindung auch zivilgesellschaftlicher Akteure sowie eine Schärfung der Partizipationsinstrumente als auch der Auswertungsverfahren könnte allerdings nicht nur Fortschritte im Planungsverfahren bewirken sondern darüber hinaus die Innovationsfähigkeit der Planung selbst erhöhen. Das starke Machtungleichgewicht zwischen den Akteuren im Planungsverfahren, das sich dadurch ausdrückt, dass im Wesentlichen die Interessen der Politiker und der Verwaltung verfolgt werden, während zivilgesellschaftliche Akteure und Bezirke am Rand stehen, sollte zukünftig minimiert und unter Einbezug eines Mediators in strukturiertere Bahnen gelenkt werden.

Dieser Eindruck – das Machtungleichgewicht der Akteure – wurde ferner durch den Blick auf den Planungsverlauf und die darauf folgende Detailanalyse ausgewählter, projektübergreifender Planungsinstrumente als auch der drei explizit innovationsorientierten Projekte bekräftigt. Weiterhin wurde hier deutlich, dass zwar vielfältige Planungsinstrumente zum Einsatz kamen, deren Möglichkeiten, Innovationen auf verschiedene Art und Weise zu begünstigen, aber meist durch die divergierenden Interessenkonstellationen und Machtstrukturen in den institutionellen Arrangements begrenzt waren.

Aufgrund dieser Merkmale des Planungsverfahrens wird daran festgehalten Tempelhof als ein Konfliktfeld zu beschreiben, da die negativen Aspekte das Planungsverfahren dominieren und die Innovationsfähigkeit der genutzten Instrumente und Strategien weitestgehend blockieren. Da sich das Planungsverfahren allerdings noch immer in den Kinderschuhen befindet, kann dies nur eine erste Bewertung sein. Ob sich Tempelhof eventuell noch zu einem Innovationsfeld entwickelt oder ob die Innovationssemantik tatsächlich nur ein Deckmantel ist, um Vertrauen und Erwartungen zu schüren und Interesse beispielsweise von Seiten der Investoren zu generieren, wird der weitere Planungsverlauf zeigen.

Die Berechtigung der vorgestellten neun Prinzipien konnte in dieser Studie nicht abschließend überprüft werden, da die städtebaulichen Projekte noch nicht umgesetzt wurden. Es kann allerdings vermerkt werden, dass die Argumentation Oliver Iberts (2003) bezüglich ihrer Wirkung weitestgehend nachvollziehbar erscheint und sie zudem einen interessanten Blickwinkel auf das Planungsverfahren bieten. Jedoch bedarf es für zukünftige Forschungsvorhaben einer weiteren Schärfung eben jener Prinzipien und einer Klärung weiterer Unklarheiten, die diese hinterlassen haben, wie im Folgenden aufgezeigt wird. So fiel es nicht ganz leicht, die Prinzipien *Bühne* und *Fest* in der Praxis voneinander abzugrenzen, da beispielsweise eine IBA, der ein Bühneneffekt attestiert wurde, gewissermaßen auch eine organisierte Unordnung darstellt, bei der Ungewöhnliches vorgeführt wird und finanzielle und personelle Ressourcen mobilisiert werden, was Iberts Argumentation (2003: 81 ff.) folgend auch den Merkmalen eines Festes entspricht. Um die Berechtigung beider Prinzipien zu gewährleisten, sollte daher eine stärkere Unterscheidung forciert werden. Ein Widerspruch entpuppte sich weiterhin bezüglich des Anspruchs auf Demokratie in der Planung, wobei möglichst viele Akteure gemäß einer *Integration von Fremdheit* in Planungsverfahren einbezogen werden sollten. Auf der anderen Seite wird jedoch betont, dass Innovationen aufgrund ihres unvertrauten, neuen Charakters häufig auf Ablehnungen stoßen und eine Entscheidung im Konsens weitestgehend unmöglich ist. Dieser Widerspruch fand sich auch in den empirischen Daten, weshalb meinerseits die Empfehlung geäußert wurde, Erhebungs- und Auswertungsverfahren stärker auf die Innovationsansprüche zuzuschneiden. Die ebenfalls von Ibert propagierte Revidierbarkeit, die Handlungsspielräume nicht unnötig eingrenzen soll und ansatzweise im dynamischen Masterplan verortet wurde, darf nicht dazu missbraucht werden, dass Ziele immer wieder verworfen werden. Dies ist jedoch im Kontext der Planung um Tempelhof häufig geschehen, weshalb sich das gesamte Planungsverfahren auch nach 23 Jahren noch immer in einem Anfangsstadium befindet. Revidierbarkeit im Planungsprozess scheint daher nur insofern sinnvoll, so lange nicht multiple Interessenlagen einen Planungsfortschritt unterbinden. Weiterhin scheint auch die Forderung der Planung durch Verzicht auf Planung überspitzt, da auch innovationsorientierte Planung nicht ohne ein Mindestmaß an planerischem Handeln auskommt. Eine städtebauliche Planung mit real offenem Ausgang ist vermutlich weder vor den beteiligten Akteuren zu rechtfertigen, da auch diese – wenn auch nur ungefähr – wissen wollen, wo die Reise hingeht. Noch kann ein reiner Experimentierprozess wirklich zielführend sein, weshalb auch innovationsorientierte Planung (wie der Name bereits nahelegt) nicht ganz ohne einen Plan auskommt. Schließlich muss angemerkt werden, dass die Prinzipien innovationsorientierter Planung nur unzureichend in der Lage waren, soziale Aspekte der institutionellen Arrangements zu fassen und Maßnahmen für deren Verbesserung anzubieten, obwohl diese im Planungsverlauf eine wesentliche Rolle spielen. Mithilfe der Prinzipien konnte gezeigt werden, dass viele Planungsinstrumente Anwendung fanden, die die Innovationsfähigkeit des Planungsverfahrens erhöhen. Jedoch konnte das komplizierte Gewirr aus Akteuren, die sich in den Planungsverlauf einbrachten als auch die institutionellen Arrangements in den bürokratischen Institutionen, deren Machtstrukturen und Interessenkonstellationen einen geradlinigen (innovationsorientierten) Planungsverlauf unterbunden haben, nur unzureichend erfasst werden. Eine Empfehlung für zukünftige Forschungstätigkeiten wäre daher, diese Prinzipien mit dem von Rammert (2010: 32 ff.) vorgeschlagenem relationalen Innovationskonzept zu verknüpfen. Dies würde den Blick auf das innovationsorientierte Planungsverfahren um eine weitere Perspektive, die soziale Dimension, ergänzen. Dadurch könnten Fragen beantwortet werden wie:

- Teilen alle am Planungsprozess beteiligten Akteure dasselbe Verständnis über Schwerpunkte, die als innovationsbedürftig gelten und verhandeln sie diese auch auf der semantischen Ebene?
- In Bezug auf die grammatische Ebene stellt sich die Frage: Wie können die institutionellen Arrangements (die sich derzeit durch festgefahrene Strukturen und unzureichende Kooperation zwischen der SenStadt, den Bezirken, dem regierenden Bürgermeister und der Tempelhof Projekt GmbH auszeichnen) verbessert werden, um Konsensentscheidungen zwischen den verschiedenen Akteuren zu ermöglichen? Dadurch

würden strukturellen Neuerungen, die überwiegend auf gemeinschaftlichen Entscheidungen gründen, größere Chancen eröffnet werden.

- Schließlich zeigte die Analyse der Partizipationsverfahren, dass der bloße Einbezug verschiedener Akteure, die Innovationsfähigkeit des Planungsverfahrens nicht zwangsläufig erhöht. Daran schließt sich eine dritte Frage an: Wie kann die Handlungspraxis (pragmatische Ebene) der Partizipationsverfahren optimiert werden, um Innovationen auf die Spur zu kommen?

Eine tiefergehende Analyse innovationsorientierter Planungen aus dieser Perspektive hilft, die sozialen Aspekte, die den Planungsverlauf beeinflussen, differenziert von den technischen Aspekten der stadtplanerischen Tätigkeit zu betrachten. Infolge dessen sollten Maßnahmen formuliert werden, mit deren Hilfe die sozialen Aspekte in den institutionellen Arrangements besser auf die Innovationsansprüche zugeschnitten werden können. Es ist deutlich geworden, dass die Prinzipien innovationsorientierter Planung einen interessanten Denkansatz in der raumbezogenen Planung darstellen. Jedoch waren sie kaum in der Lage Maßnahmen für die wesentlichen Schwachstellen des (innovationsorientierten) Planungsverfahrens um Tempelhof anzubieten.

Fest steht, dass das Tempelhofer Feld als eine offene, innerstädtische Fläche viel Potenzial für die Realisierung innovationsorientierter Projekte bietet. Es ist ein Ort für Neuanfänge, ein Experimentierfeld, das nicht durch Kompetenzrangeleien für Negativschlagzeilen sorgen, sondern durch neuartige Leuchtturmprojekte verschiedenster Art Aufmerksamkeit für Berlin generieren muss. Um diesen Ansprüchen gerecht zu werden, sollten die Planungsinstrumente geschärft, verhärtete Strukturen aufgebrochen und heterogene Akteure in ein gut organisiertes Planungsnetzwerk integriert werden. Nur so können die Möglichkeitsräume, die moderne Planungsinstrumente durchaus bieten, sinnvoll und zielführend genutzt werden, um strukturelle Neuerungen auf dem Tempelhofer Feld zu generieren, von denen die Gesamtberliner Bevölkerung profitiert.

Literaturverzeichnis

Albers, G. & Wékel, J. (2008): *Stadtplanung: Eine illustrierte Einführung.* Darmstadt: Primus Verlag.

Anker, J.: A100 wird zum Stresstest für Berlins SPD. Erschienen in: Berliner Morgenpost am 15.09.2011. Verfügbar unter: http://www.morgenpost.de/berlin/article1764210/A100-wird-zum-Stresstest-fuer-Berlins-SPD.html [01.05.2012].

Bader, M., Mayer, C., Merker, J., Dauchez, A., Rustemeyer, T., Gomez, S. et al. (2008): *Aktivierende Stadtentwicklung/Flughafen Tempelhof.* Verfügbar unter: http://www.raumlabor.net/?p=84 [10.01. 2012].

Baur, N. & Lamnek, S. (2005): Einzelfallanalyse. In L. Mikos & C. Wegener (Hrsg.): *Qualitative Medienforschung. Ein Handbuch.* Konstanz: UTB UVK. (S. 241-253).

Becker, S., Böhmer-Herbin, C., Sailer, K. & Sturm, M. (2002): *Eisenhüttenstadt - Ein Gutachten.* Hannover. Institut für Städtebau der Universität Hannover. Verfügbar unter: http://www.kerstinsailer.de/03_wissenschaft/1_projekte/eh.pdf [26.01.2012].

Behnke, J., Baur, N. & Behnke, N. (2006): *Empirische Methoden der Politikwissenschaft.* Paderborn: Verlag Ferdinand Schoeningh.

Beier, L.-O. & Sontheimer, M.: Brot und Trauerspiele. Erschienen in: Spiegel Online am 02.03.2009. Verfügbar unter: http://www.spiegel.de/kultur/gesellschaft/0,1518,610783,00.html [04.04.2012].

Beikler, S. & Oloew, M.: Trotz Kritik: Wowereit verteidigt Tempelhof-Coup. Erschienen in: Der Tagesspiegel am 03.02.2012. Verfügbar unter: http://www.tagesspiegel.de/berlin/bread-und-butter-trotz-kritik-wowereit-verteidigt-tempelhof-coup/1434192.html [29.03.2012].

Berlin.de (2007): *Was wird aus dem Flughafen Tempelhof?* Verfügbar unter: http://www.berlin.de/flughafen-tempelhof/discoursemachine.php [23.04. 2012].

Bischoff, A., Selle, K. & Sinning, H. (2007): *Informieren, Beteiligen, Kooperieren. Kommunikation in Planungsprozessen. Eine Übersicht zu Formen, Verfahren und Methoden.* Dortmund: Dortmunder Verlag für Bau-und Planungsliteratur.

Bodenschatz, H. (2004): Stadtplanung und Steuerung. In D. Flicke, E. Plate & T. Tonndorf (Hrsg.): *Stadtentwicklungskonzept Berlin 2020: Statusbericht und perspektivische Handlungsansätze.* Berlin: Senatsverwaltung für Stadtentwicklung - Kommunikation. (S. 20-21).

Bodenschatz, H. (2005): Botschaften zum Thema Städtebau. Anmerkungen zum Städtebaubericht der Bundesregierung 2004. *Die alte Stadt*, 264-268.

Bodenschatz, H. (2010): *Städtebau in Berlin: Schreckbild und Vorbild für Europa*. Berlin: DOM Publishers.

Bodenschatz, H. (2011a): Auf dem Weg zur Mietkasernenstadt? In R. Berbig, I.-M. D'Aprile, H. Peitsch & E. Schütz (Hrsg.): *Berlins 19. Jahrhundert: Ein Metropolen-Kompendium*. Berlin: Akademie Verlag. (S. 297-308).

Bodenschatz, H. (2011b): Stadtregion. Vortrag am 19.05.2011 zur Veranstaltung: Stadtentwicklung Berlin 2020. IBA als Instrument? Dokumentation der Veranstaltung in den UferHallen. Verfügbar unter: http://www.stadtentwicklung.berlin.de/planen/stadtforum/downloads/SF_IBA_bf.pdf [26.05.2012].

Bodenschatz, H., Beckmann, K. J., Giseke, U., Krautzberger, M., Helbrecht, I., Spars, G. et al. (2011): *Stadtforum Berlin am 19. Mai 2011. Stadtentwicklung Berlin 2020. IBA als Instrument? Ergebnisse aus Sicht des Beirats*. Verfügbar unter: http://www.stadtentwicklung.berlin.de/planen/stadtforum/downloads/SF_IBA_Ergebn ispapier_Beirat.pdf [17.04.2012].

Bodenschatz, H., Doehler-Behzadi, M., Giseke, U. & Krautzberger, M.: Berlin in Transformation: Strategische Ansätze für die Stadtentwicklung. Erschienen in: Die neue Stadt. Europäische Zeitschrift für Stadtentwicklung am 02.05.2006. Verfügbar unter: http://www.die-neue-stadt.de/archiv/ausgabe_ii_vi/berlin_in_transformation.html [21.01.2012].

Bodenschatz, H. & Engstfeld, H.-J. (1995): Abschied vom Flughafen Tempelhof. In H. Berndt & H. Bodenschatz (Hrsg.): *Berlin: Hauptstadt zwischen Aufbruch und Abbruch*. Stuttgart: Kohlhammer. (S. 267-280).

Bodenschatz, H., Goevert, T., Hofmann, A., Polinna, C., Oppen, C. v. & Schlaack, J. (2011): Berlin gestalten - Wieder Handlungsfähig werden. In J. Schlaack, H. Bodenschatz, C. Polinna, C. v. Oppen & A. Hofmann (Hrsg.): *Memorandum "Berlin hat mehr verdient! Plädoyer für ein Stadtentwicklungsprogramm"*. Berlin: Universitätsverlag der TU Berlin. (S. 26-27).

Bodenschatz, H., Machleidt, H., Schonauer, J., Maerz, C., Wörsdörfer, S., Hofmann, A. et al. (2010): *Radikal Radial! Wiederbelebung von Hauptstraßen*. Verfügbar unter: http://www.think-berlin.de/files/radikalradial/2010-12-10_radikal_radial_broschuere.pdf [12.04. 2012].

Bohnsack, R., Marotzki, W. & Meuser, M. (2005): *Hauptbegriffe Qualitative Sozialforschung*. Opladen; Farmington Hills: Verlag Barbara Budrich.

Bornmann, F., Erbelding, D. & Froessler, D. R. (2008): *Zwischennutzungen - Temporäre Nutzungen als Instrument der Stadtentwicklung*. Düsseldorf. Innovationsagentur Stadtumbau NRW. Verfügbar unter: http://www.urbano.de/pdf/2008/zwischennutzungen.pdf [26.05.2012].

Braun-Thürmann, H. (2004): Zum sozialwissenschaftlichen Verständnis von Innovationen. In U. Altrock, S. Güntner, S. Huning & D. Peters (Hrsg.): *Innovationen und Planung (Reihe Planungsrundschau)* Berlin: Verlag Uwe Altrock. (Bd. 9, S. 9-17).

Braun-Thürmann, H. (2005): *Innovation.* Bielefeld: transcript Verlag.

Brendel, M. (2008): *Aus für Berliner Flughafen Tempelhof.* Verfügbar unter: http://geschichtspuls.de/art1077-volksentscheid-um-flughafen-tempelhof [05.05. 2012].

Bube, T. (2010): *Ein Haus für die Zukunft - das Plusenergiehaus.* Verfügbar unter: http://www.plusenergiehaus.de/index.php?p=home&pid=18&L=0&host=1 - a228 [16.04. 2012].

Bundesministerium für Bildung und Forschung (2012): *Jahresgutachten der Kommisson Forschung und Innovation 2011.* Verfügbar unter: http://www.bmbf.de/de/12210.php [03.02. 2012].

Bundesministerium für Bildung und Forschung. (2010): *Bundesbericht Forschung und Innovation 2010.* Berlin, Bonn. Verfügbar unter: http://www.bmbf.de/pub/bufi_2010.pdf [03.02.2012].

Christmann, G. B. (2009): Jugendliche als Raumpioniere von morgen. Vortrag am 13.05.2009 zur Veranstaltung: 27. Brandenburger Regionalgespräch „Zwischen Bleiben und Gehen. Perspektiven von Jugendlichen in Brandenburg". Dokumentation der Veranstaltung im Leibniz-Institut für Regionalentwicklung und Strukturplanung (IRS). Verfügbar unter: http://www.irs-net.de/download/aktuelles/RG27_Christmann.pdf [07.06.2012].

Christmann, G. B. (2011): Soziale Innovationen, Social Entrepreneurs und Raumbezüge. In P. Jähnke, G. B. Christmann & K. Balgar (Hrsg.): *Social Entrepreneurship. Perspektiven für die Raumentwicklung.* Wiesbaden: VS, Verlag für Sozialwissenschaften. (S. 193-210).

Christmann, G. B. & Büttner, K. (2012): Raumpioniere, Raumwissen, Kommunikation - zum Konzept kommunikativer Raumkonstruktion. *Berichte zur deutschen Landeskunde (im erscheinen),* 1-17.

ddp: Weiter Zoff um Tempelhof. Erschienen in: Berliner Zeitung am 16.02.2009. Verfügbar unter: http://www.bz-berlin.de/bezirk/tempelhof/weiter-zoff-um-tempelhof-article371289.html [05.04.2012].

ddp: Tempelhof wird zum Experimentierfeld. Erschienen in: AD HOC NEWS am 19.05.2010. Verfügbar unter: http://www.ad-hoc-news.de/tempelhof-wird-zum-experimentierfeld--/de/News/21313935 [05.06.2012].

Degele, N. (2002): *Einführung in die Techniksoziologie.* München: Wilhelm Fink Verlag.

Dierkes, M., Hoffmann, U. & Marz, L. (1992): *Leitbild und Technik. Zur Entstehung und Steuerung technischer Innovationen.* Berlin: Edition Sigma.

Dieser, R., Maier, B. & Prieb, O. (2009): *Tempelhofer Feld. Nutzungsanforderungen und Vorstellungen der Bevölkerung zur künftigen Parklandschaft.* Verfügbar unter: http://www.competitionline.com/upload/wettbewerb_download/00006xx/0000628_dat ei/4.07b Nutzungsanforderungen und Vorstellungen der Bevoelkerung.pdf [09.04. 2012].

Dobberke, C. & Schönball, R.: Senat hat zu viele Großprojekte auf dem Zettel. Erschienen in: Der Tagesspiegel am 24.04.2012. Verfügbar unter: http://www.tagesspiegel.de/berlin/stadtentwicklung-senat-hat-zu-viele-grossprojekte-auf-dem-zettel/6545964.html [25.04.2012].

Dombrowski, B.: Parklandschaft in Tempelhof geplant. Erschienen in: Berliner Zeitung am 15.04.2011. Verfügbar unter: http://www.bz-berlin.de/bezirk/tempelhof/parklandschaft-in-tempelhof-geplant-article1163590.html [10.05.2012].

Dreger, M., Humann, M., Misselwitz, P., Overmeyer, K. & Yilmaz, I. (2008): *Dokumentation Expertenkonferenz am 29. und 30. November 2007 im Flughafen Berlin-Tempelhof.* Berlin. Verfügbar unter: http://www.evadeklerk.com/downloads/Internationaal/Berlin Tempelhof 2007.pdf [08.01.2012].

During, R. W.: Müller will IBA-Pläne umkrempeln. Erschienen in: Der Tagesspiegel am 20.01.2012. Verfügbar unter: http://www.tagesspiegel.de/berlin/diskussion-in-der-urania-mueller-will-iba-plaene-umkrempeln/6088608.html [16.04.2012].

During, R. W. & Zawatka-Gerlach, U.: Die Investoren suchen das Weite. Erschienen in: Der Tagesspiegel am 26.06.2007. Verfügbar unter: http://www.tagesspiegel.de/berlin/tempelhof-die-investoren-suchen-das-weite/969284.html [28.03.2012].

Durth, W., Braum, M., Doehler-Behzadi, M., Hatzfeld, U., Hellweg, U., Lüpke, D. v. et al. (2009): *Ein Memorandum zur Zukunft Internationaler Bauausstellungen.* Verfügbar unter: http://www.heidelberg.de/servlet/PB/show/1215201/61_pdf_Wissenschafftstadt_Mem orandum_Zukunft_IBAs.pdf [17.04. 2012].

Eelco Hooftman im Interview. (2011): Die Hüter des Masterplans. *Erschienen in: Stadtbauwelt, 102* (191), 26-35.

Eichstädt-Bohlig, F. (2010a): *Positionspapier zur Planung "Tempelhofer Feld".* Verfügbar unter: http://eichstaedt-bohlig.gruene-berlin.de/cms/fileadmin/2010/PosPapier_Tempelhof-_Mai2010.pdf [21.04. 2012].

Eichstädt-Bohlig, F. (2010b): *Soziale Stadt im Klimawandel - Eine IBA für Neukölln?* Verfügbar unter: http://www.eichstaedt-bohlig.gruene-berlin.de/cms/fileadmin/Dateien/Stadtentwicklung/Microsoft_Word_-_IBA-Positionspapier_III.pdf [12.04. 2012].

Fahrun, J.: Zukunft von Tempelhof kostet 250 Millionen. Erschienen in: Berliner Morgenpost am 26.12.2010. Verfügbar unter: http://www.morgenpost.de/berlin/article1491824/Zukunft-von-Tempelhof-kostet-250-Millionen.html [11.04.2012].

Frey, O. (2007): Sie nennen es Arbeit - Die "Planung der Nicht-Planung" in der "amalgamen Stadt" der kreativen Milieus. *dérive - Zeitschrift für Stadtforschung* (26), 24-28.

Fueglistaller, U., Müller, C. & Volery, T. (2008): *Entrepreneurship: Modelle-Umsetzung-Perspektiven; mit Fallbeispielen aus Deutschland, Österreich und der Schweiz.* St. Gallen: Gabler Verlag.

Georges, K. E. (1861): *Lateinisch-Deutsches Wörterbuch.* (Bd. 5). Leipzig: Hahn'sche Verlags-Buchhandlung.

Gillwald, K. (2000): *Konzepte sozialer Innovation. WZB paper: Querschnittsgruppe Arbeit und Ökologie. Berlin.* Verfügbar unter: http://bibliothek.wzb.eu/pdf/2000/p00-519.pdf [15.12. 2011].

Gundlach, S.: Flugfeld Tempelhof bekommt schwebendes Dach. Erschienen in: Berliner Morgenpost am 15.10.2022. Verfügbar unter: http://www.morgenpost.de/berlin/article1794319/Flugfeld-Tempelhof-bekommt-schwebendes-Dach.html [11.04.2012].

Gundlach, S.: "Hauptstadt, Raumstadt und Sofortstadt". Erschienen in: Berliner Morgenpost am 18.01.2011. Verfügbar unter: http://www.morgenpost.de/printarchiv/berlin/article1513999/Hauptstadt-Raumstadt-und-Sofortstadt.html [16.04.2012].

Gundlach, S.: Über den Rand des Flugfelds hinaus geplant. Erschienen in: Berliner Morgenpost am 12.12.2011. Verfügbar unter: http://www.morgenpost.de/berlin/article1853329/Ueber-den-Rand-des-Flugfelds-hinaus-geplant.html [28.03.2012].

Gundlach, S.: Warum Berlin auf eine Bauausstellung setzt. Erschienen in: Berliner Morgenpost am 18.01.2011. Verfügbar unter: http://www.morgenpost.de/berlin/article1513600/Warum-Berlin-auf-eine-Bauausstellung-setzt.html [10.05.2012].

Güntner, S. (2004): Planung und Innovation In U. Altrock, S. Güntner, S. Huning & D. Peters (Hrsg.): *Innovationen und Planung (Reihe Planungsrundschau).* Berlin: Verlag Uwe Altrock. (Bd. 9, S. 5-8).

Haas, D. (2003): *Möglichkeitsräume*. Dortmund. Fakultät Raumplanung der Universität Dortmund. Verfügbar unter: http://www.ruhr-2030.de/pdf/moeglichkeitsraeume_dh.pdf [11.05.2012]

Hascher, R.: Aufgaben und Verortung der neuen Zentralbibliothek von Berlin. Vortrag am 23.02.2012 zur Veranstaltung: Stadtentwicklung in Berlin nach dem Fall der Mauer an der Berlin-Brandenburgischen Akademie der Wissenschaften.

Häußermann, H. & Siebel, W. (1993): Die Politik der Festivalisierung und die Festivalisierung der Politik In H. Häußermann & W. Siebel (Hrsg.): *Festivalisierung der Stadtpolitik: Stadtentwicklung durch große Projekte*. Opladen: Westdeutscher Verlag. (S. 7-31).

Häußermann, H. & Siebel, W. (2004): *Stadtsoziologie: Eine Einführung*. Frankfurt; New York: Campus Verlag.

HDK: Tempelhof im Plus. Erschienen in: Berliner Woche am 27.04.2011. Verfügbar unter: http://www.baesslerverlag.de/downloads/1117scn.pdf [04.04.2012].

Healey, P. (1992): Planning Through Debate: The Communicative Turn in Planning Theory. *Town Planning Review, 63* (2), 233-249.

Heilmeyer, F. (2011): Pioniernutzungen als Modell? *Stadtbauwelt, 102* (191), 56-61.

Heller, M. & Stintz, F. (2009): *Autofrei Wohnen in Berlin-Tempelhof*. Verfügbar unter: http://www.autofrei-wohnen.de/Berlin/temp-senatsplanung.html [03.01. 2012].

Hesselmann, M.: Immer mehr Amerikaner fliegen auf Tempelhof. Neben Fred Langhammer will ein zweiter US-Investor am Airport einsteigen. Erschienen in: Der Tagesspiegel am 17.12.2006. Verfügbar unter: http://www.tagesspiegel.de/berlin/immer-mehr-amerikaner-fliegen-auf-tempelhof-neben-fred-langhammer-will-ein-zweiter-us-investor-am-airport-einsteigen/788280.html [28.03.2012].

Hinrichsen, T. (2012): *Bürger machen mobil für ihr Tempelhofer Feld*. Verfügbar unter: http://www.die-linke-neukoelln.de/nc/politik/news/detail/zurueck/presse-8/artikel/buerger-machen-mobil-fuer-ihr-tempelhofer-feld-1/ [21.04. 2012].

Hoffman, S.: Wohnperspektiven in der Berliner Innenstadt. Erschienen in: ISR Graue Reihe am 20.03.2010. Verfügbar unter: http://opus.kobv.de/tuberlin/volltexte/2010/2637/pdf/Graue_Reihe_Heft_25_Wohnperspektiven_in_der_Berliner_Innenstadt.pdf [16.03.2012].

Hoffmann-Axthelm, D. (2011): 20 Jahre Planung. *Stadtbauwelt, 102* (191), 36-45.

Horning, E. (2008): *Das Berliner Abgeordnetenhaus vs. Be-4-Tempelhof*. Verfügbar unter: http://www.be-4-tempelhof.de/hintergrund/das-berliner-abgeordnetenhaus-vs-be-4-tempelhof/index.php [25.03. 2012].

Ibert, O. (2003): *Innovationsorientierte Planung - Verfahren und Strategien zur Organisation von Innovation.* (Bd. 19). Opladen: Leske + Budrich.

Ibert, O. (2004): Zu Arbeitsweise und Reichweite innovationsgenerierender Planungsverfahren. In U. Altrock, S. Güntner, S. Huning & D. Peters (Hrsg.): *Innovationen und Planung (Reihe Planungsrundschau)* Berlin: Verlag Uwe Altrock. (Bd. 9, S. 18-33).

Ibert, O. (2005): Wie lassen sich Innovationen planen. *Informationen zur Raumentwicklung, 9* (10), 599-607.

Ibert, O. (2006): Innovationsgenerierende Planung durch Projekte und Festivals. In H. Sinning (Hrsg.): *Stadtmanagement. Strategien zur Modernisierung der Stadt(-Region).* Dortmund: Dortmunder Vertrieb für Bau- und Planungsliteratur. (S. 82-92).

Ibert, O. (2009): Innovationsorientierte Planung und das Problem des episodischen Lernens. In P. Dannenberg, H. Köhler, T. Lang, J. Utz, B. Zakirova & T. Zimmermann (Hrsg.): *Innovationen im Raum - Raum für Innovationen.* Hannover: Akademie für Raumforschung und Landesplanung.

Ibert, O. & Mayer, H.-N. (2002): Innovationen im Kontext der Weltausstellung EXPO 2000 - Der neue Stadtteil Hannover-Kronsberg. In H. Müller & K. Selle (Hrsg.): *EXPost. Großprojekte und Festivalisierung als Mittel der Stadt- und Regionalentwicklung: Lernen von Hannover.* Hannover; Aachen; Dortmund: Dortmunder Vertrieb für Bau- und Planungsliteratur. (S. 297-308).

InnovationsKontor GbR (2011): *Koalitionsvereinbarung von SPD und CDU.* Verfügbar unter: http://www.innomonitor.de/index.php?id=132&be=3048 [16.04. 2012].

Jacobs, S.: Gedankenspiele für Tempelhof. Erschienen in: Der Tagesspiegel am 17.08.2010. Verfügbar unter: http://www.tagesspiegel.de/berlin/zwischennutzung-gedankenspiele-fuer-tempelhof/1904534.html [26.04.2012].

Junge-Reyer, I. (2009): *Nutzung des ehemaligen Flughafens Tempelhof (nördlicher Bereich).* Verfügbar unter: http://www.parlament-berlin.de/ados/16/Haupt/vorgang/h16-1280.C-v.pdf [02.04. 2012].

Jürgens, I.: Brad Pitts Architekten planen Tempelhof-Bebauung. Erschienen in: Berliner Morgenpost am 14.05.2009. Verfügbar unter: http://www.morgenpost.de/berlin/article1092721/Brad_Pitts_Architekten_planen_Te mpelhof_Bebauung.html [10.01.2012].

Keller, C. & Oloew, M.: Neue Startprobleme in Tempelhof. Erschienen in: Der Tagesspiegel am 02.03.2009. Verfügbar unter: http://www.tagesspiegel.de/berlin/verkehr/nachnutzung-neue-startprobleme-in-tempelhof/1462148.html [20.04.2012].

Kellerhoff, S. F.: Foster nennt Tempelhof "Mutter aller Flughäfen". Erschienen in: Die Welt am 19.04.2008. Verfügbar unter: http://www.welt.de/regionales/berlin/article1918940/Foster_nennt_Tempelhof_Mutter _aller_Flughaefen.html [03.03.2012].

Kögel, A.: Bürgerentscheid zu Tempelhof erfolgreich. Erschienen in: Der Tagesspiegel am 07.06.2009. Verfügbar unter: http://www.tagesspiegel.de/berlin/verkehr/neue-abstimmung-buergerentscheid-zu-tempelhof-erfolgreich/1530708.html [27.03.2012].

Koschatzky, K. (2009): Innovation und Raum - Zur räumlichen Kontextualität von Innovationen. In P. Dannenberg, H. Köhler, T. Lang, J. Utz, B. Zakirova & T. Zimmermann (Hrsg.): *Innovationen im Raum - Raum für Innovationen*. Hannover: Akademie für Raumforschung und Landesplanung. (S. 6-17).

Köster, L. (2011): *Initiative 100% Tempelhofer Feld*. Verfügbar unter: http://thf100.de/index.php?id=46 [27.03. 2012].

Kuder, T. (2009): Pfadanalysen - ein Konzept zur Erforschung der Regenerierung schrumpfender Städte. In M. Kühn & H. Liebmann (Hrsg.): *Regenerierung der Städte - Strategien der Politik und Planung im Schrumpfungskontext*. Wiesbaden: VS Verlag für Sozialwissenschaft. (S. 66-84).

Lehmann, A.: Die Aktivisten der allerersten Flugstunde. Erschienen in: Die Tageszeitung am 31.01.2008. Verfügbar unter: http://www.taz.de/!11839/ [05.01.2012].

Lüscher, R. (2010): Vom Planwerk Innenstadt zum Planwerk Innere Stadt - Weiterentwicklung 2010. In H. Bodenschatz & T. Flierl (Hrsg.): *Berlin plant: Plädoyer für ein Planwerk Innenstadt Berlin 2.0*. Berlin: Theater der Zeit. (S. 242 - 259).

Maroldt, L.: Alles in Butter. Erschienen in: Der Tagesspiegel am 30.06.2009. Verfügbar unter: http://www.tagesspiegel.de/berlin/stadtleben/modemesse-alles-in-butter/1833658.html [04.04.2012].

Martens, H. (2010): Beteiligung als soziale Innovation. In J. Howaldt & H. Jacobsen (Hrsg.): *Soziale Innovation - Auf dem Weg zu einem postindustriellen Innovationsparadigmas*. Wiesbaden: VS, Verlag für Sozialwissenschaften. (S. 371-390).

Mayring, P. (2002): *Einführung in die qualitative Sozialforschung*. (Bd. 5). Weinheim; Basel: Beltz Verlag.

Meuser, P. (2000): *Vom Fliegerfeld zum Wiesenmeer: Flughafen Berlin - Tempelhof - Geschichte und Zukunft*. Berlin: Berlin Edition.

Mieterrat Chamissoplatz e.V. (2009): *Virtuelle Planspiele an Bürgerinteressen vorbei!* Verfügbar unter: http://www.mieterladen.chamissokiez.de/article.php3?id_article=49 [20.04. 2012].

Münch, C. (o.J.): *Blockheizkraftwerk.* Verfügbar unter: http://www.blockheizkraftwerk.org/ [16.04. 2012].

Neumann, P.: Volksbegehren für den Flughafen Tempelhof. Erschienen in: Berliner Zeitung am 02.11.2006. Verfügbar unter: http://www.berliner-zeitung.de/archiv/cdu-und-fdp-unterstuetzen-die-befuerworter-volksbegehren-fuer-den-flughafen-tempelhof,10810590,10431304.html [25.03.2012].

o.V.: Der Blick vom Rathausturm. Erschienen in: Der Tagesspiegel am 28.04.2008. Verfügbar unter: http://www.tagesspiegel.de/berlin/der-blick-vom-rathausturm/1221910.html [05.06.2012].

o.V.: Ein Sieg gegen CDU und Springer. Erschienen in: Süddeutsche Zeitung am 28.04.2008. Verfügbar unter: http://www.sueddeutsche.de/politik/berlin-wowereit-und-tempelhof-ein-sieg-gegen-cdu-und-springer-1.198385 [25.03.2012].

Oloew, M.: „Ein Tivoli in gigantischen Ausmaßen". Erschienen in: Der Tagesspiegel am 23.10.2008. Verfügbar unter: http://www.tagesspiegel.de/berlin/seine-tempelhof-vision-ein-tivoli-in-gigantischen-ausmassen/1353864.html [28.03.2012].

Otto, S.: Ein geplatztes Luftschloss. Die Senatsverwaltung will das Lilienthalquartier am Tempelhofer Feld nicht mehr bauen. Erschienen in: Neues Deutschland am 25.11.2010. Verfügbar unter: http://www.neues-deutschland.de/artikel/184967.ein-geplatztes-luftschloss.html [15.03.2012].

Papke, P. (2012): *Tempelhofer Feld - Zentralflughafen.* Verfügbar unter: http://peterpapke.de/index.php [02.03. 2012].

Polinna, C.: Tempelhof geöffnet, Zukunft offen. Erschienen in: German Architects Magazin am 19.05.2010. Verfügbar unter: http://german.magazin-world-architects.com/de_10_20_onlinemagazin_tempelhof_de.html

Rammert, W. (2000): Innovationen - Prozesse, Produkte, Politik. In W. Rammert & G. Bechmann (Hrsg.): *Technik und Gesellschaft. Jahrbuch 9.* Frankfurt am Main: Campus Verlag. (S. 3-14).

Rammert, W. (2010): Die Innovationen der Gesellschaft. In J. Howaldt & H. Jacobsen (Hrsg.): *Soziale Innovation. Auf dem Weg zu einem postindustriellen Innovationsparadigma.* Wiesbaden: VS, Verlag für Sozialwissenschaften. (S. 21-51).

Regula Lüscher im Interview. (2011a): Der Park, die IGA und die IBA. *Erschienen in: Stadtbauwelt, 102* (191), 46-47.

Regula Lüscher im Interview: "Der Vorwurf des Klüngels ist absurd". Erschienen in: Der Tagesspiegel am 07.04.2011. Verfügbar unter: http://www.tagesspiegel.de/berlin/regula-luescher-der-vorwurf-des-kluengels-ist-absurd/4032696.html [10.05.2012].

Schmitz, F. (1997): *Flughafen Tempelhof: Berlins Tor zur Welt*. Berlin; Brandenburg: Be.Bra Verlag

Schoelkopf, K.: So soll der Flughafen Tempelhof zum See werden. Erschienen in: Berliner Morgenpost am 27.08.2010. Verfügbar unter: http://www.morgenpost.de/berlin-aktuell/article1384534/So-soll-der-Flughafen-Tempelhof-zum-See-werden.html [28.03.2012].

Schoelkopf, K.: Ein Jahr Tempelhofer Feld - Flughafengebäude und Park passen nicht zueinander. Erschienen in: Berliner Morgenpost am 08.05.2011. Verfügbar unter: http://www.morgenpost.de/berlin/article1632536/Flughafengebaeude-und-Park-passen-nicht-zueinander.html [07.04.2012].

Schoelkopf, K., Fahrun, J. & Mallwitz, G.: Tempelhof: Wowereits Alleingang sorgt für Ärger. Erschienen in: Die Welt am 03.02.2009. Verfügbar unter: http://www.welt.de/welt_print/article3137041/Tempelhof-Wowereits-Alleingang-sorgt-fuer-Aerger.html [07.06.2012].

Schönball, R.: Tempelhof: viele Pläne, wenig Geld. Erschienen in: Der Tagesspiegel am 26.01.2012. Verfügbar unter: http://www.tagesspiegel.de/berlin/ehemaliger-flughafen-tempelhof-viele-plaene-wenig-geld/6112934.html [28.03.2012].

Schumpeter, J. A. (1950): *Kapitalismus, Sozialismus und Demokratie*. (Bd. 2). München.

Schumpeter, J. A. (1952): *Theorie der wirtschaftlichen Entwicklung. Eine Untersuchung über Unternehmergewinn, Kapital, Kredit, Zins und Konjunkturzyklus*. (Bd. 5). Berlin: Duncker & Humblot Verlag.

Schumpeter, J. A., Haberler, G. & Böhm, S. (1987): *Beiträge zur Sozialökonomik*. (Bd. 4). Wien, Köln, Graz: Böhlau Verlag.

Schupelius, G.: Ist die neue Landesbibliothek sinnvoll? Erschienen in: Berliner Zeitung am 04.04.2012. Verfügbar unter: http://www.bz-berlin.de/aktuell/berlin/ist-die-neue-landesbibliothek-sinnvoll-article1428409.html [20.04.2012].

Schwarting, H. (2009): Stadtentwicklung durch Nischennutzer - Ausgangslage und Perspektiven in kleinen und mittleren Kommunen Hessens. In P. Dannenberg, H. Köhler, T. Lang, J. Utz, B. Zakirova & T. Zimmermann (Hrsg.): *Innovationen im Raum - Raum für Innovationen*. Hannover: Akademie für Raumforschung und Landesplanung. (S. 176-188).

Selle, K. (2004): Innovationen: Fragezeichen. Klärungsbedarf bei der Diskussion um und der Erzeugung von Neuerungen in der Planung. In U. Altrock, S. Güntner, S. Huning & D. Peters (Hrsg.): *Innovationen und Planung*. Cottbus: Planungsrundschau. (Bd. 9, S. 44-59).

Senatsverwaltung für Stadtentwicklung (2002): *Historische Pläne zur Entwicklung der Berliner Flächennutzung*. Verfügbar unter:

http://www.stadtentwicklung.berlin.de/planen/fnp/de/historie/index.shtml [08.01. 2012].

Senatsverwaltung für Stadtentwicklung (2007a): *Tempelhofer Freiheit Online-Dialog.* Verfügbar unter:
http://www.stadtentwicklung.berlin.de/planen/tempelhof/download/Ergebnisse_Onlin e-Dialog_5.1_red.pdf [04.01. 2012].

Senatsverwaltung für Stadtentwicklung (2008a): *Beginn der Verfahren zur Nachnutzung Tempelhofs.* Verfügbar unter:
http://www.stadtentwicklung.berlin.de/aktuell/pressebox/archiv_volltext.shtml?arch_0 809/nachricht3207.html [05.04. 2012].

Senatsverwaltung für Stadtentwicklung (2008b): *Planungsverlauf.* Verfügbar unter:
http://www.stadtentwicklung.berlin.de/planen/staedtebau-projekte/tempelhof/de/planungsvorlauf/index.shtml [29.12. 2011].

Senatsverwaltung für Stadtentwicklung (2008c): *Zukunft - Tempelhofer Feld.* Verfügbar unter:
http://www.stadtentwicklung.berlin.de/aktuell/pressebox/archiv_volltext.shtml?arch_0 803/nachricht2972.html [08.01. 2012].

Senatsverwaltung für Stadtentwicklung (2009a): *Der Ort, an dem Ideen lebendig werden. HALLO TEMPELHOF! Internationale Gartenbauausstellung Berlin 2017.* Verfügbar unter:
http://www.stadtentwicklung.berlin.de/umwelt/stadtgruen/iga_berlin_2017/downloads /brochure/IGA_Broschuere_gesamt.pdf [16.02. 2012].

Senatsverwaltung für Stadtentwicklung (2009b): *Prozessuale Stadtentwicklung Tempelhofer Feld - Columbia-Quartier. Ausschreibung.* Verfügbar unter:
http://www.stadtentwicklung.berlin.de/aktuell/wettbewerbe/ergebnisse/2009/columbia quartier/download/ausschreibung.pdf [08.01. 2012].

Senatsverwaltung für Stadtentwicklung (2009c): *Prozessuale Stadtentwicklung Tempelhofer Feld – Columbia-Quartier - Ergebnisprotokoll der 2. Sitzung des Preisgerichts vom 12.05.2009.* Verfügbar unter:
http://www.stadtentwicklung.berlin.de/aktuell/wettbewerbe/ergebnisse/2009/columbia quartier/download/preisgerichtsprotokoll_2.pdf [14.02. 2012].

Senatsverwaltung für Stadtentwicklung (2009d): *Städtebaulich-landschaftsplanerischer Ideenwettbewerb "Prozessuale Stadtentwicklung Tempelhofer Feld - Columbia-Quartier" - Ergebnis.* Verfügbar unter:
http://www.stadtentwicklung.berlin.de/aktuell/wettbewerbe/ergebnisse/2009/columbia quartier/ergebnis.shtml [14.02. 2012].

Senatsverwaltung für Stadtentwicklung (2009e): *Tempelhof: Neues Quartier, Ausstellung und Ergebnisse des "Call for Ideas" vorgestellt.* Verfügbar unter:
http://www.stadtentwicklung.berlin.de/aktuell/pressebox/archiv_volltext.shtml?arch_0 901/nachricht3321.html [10.01. 2012].

Senatsverwaltung für Stadtentwicklung (2010a): *Entwicklungsindex Soziale Stadtentwicklung 2010 auf Ebene der Planungsräume (LOR)*. Verfügbar unter: http://www.stadtentwicklung.berlin.de/planen/basisdaten_stadtentwicklung/monitorin g/download/2010/karten/Entwicklungsindex_LOR_2010.pdf [18.04. 2012].

Senatsverwaltung für Stadtentwicklung (2010b): *Entwicklungsstrategie Tempelhofer Feld.* Verfügbar unter: http://www.competitionline.com/upload/wettbewerb_download/00006xx/0000665_dat ei/4.04d Entwicklungsstrategie_bgmr_astoc_09.06.30.pdf [14.04. 2012].

Senatsverwaltung für Stadtentwicklung (2010c): *GROSS:MAX - Beurteilung des Beratungsgremiums.* Verfügbar unter: http://www.stadtentwicklung.berlin.de/aktuell/wettbewerbe/ergebnisse/2011/parklands chaft_thf_verhandlungsverfahren/wuerdigung_gross_max.pdf [29.02. 2012].

Senatsverwaltung für Stadtentwicklung (2010d): *IBA Berlin Zwanzig Zwanzig Konzept.* Verfügbar unter: http://www.stadtentwicklung.berlin.de/staedtebau/baukultur/iba/download/Iba_berlin_ konzept.pdf [12.04. 2012].

Senatsverwaltung für Stadtentwicklung (2010e): *Leitbild Tempelhofer Freiheit.* Verfügbar unter: http://www.stadtentwicklung.berlin.de/planen/tempelhof/download/leitbild/leitbild_te mpelhofer_freiheit.pdf [04.04. 2012].

Senatsverwaltung für Stadtentwicklung (2010f): *Offener landschaftsplanerischer Wettbewerb - Parklandschaft Tempelhof - Auslobung.* Verfügbar unter: http://www.stadtentwicklung.berlin.de/aktuell/wettbewerbe/ergebnisse/2010/parklands chaft_tempelhof/ausschreibungstext.pdf [04.01. 2012].

Senatsverwaltung für Stadtentwicklung (2010g): *Regula Lüscher: „Prägnante Antworten zum Ort geben".* Verfügbar unter: http://www.stadtentwicklung.berlin.de/aktuell/pressebox/archiv_volltext.shtml?arch_1 006/nachricht3915.html [27.02. 2012].

Senatsverwaltung für Stadtentwicklung (2010h): *Start des offenen landschaftsplanerischen Wettbewerbs "Parklandschaft Tempelhof".* Verfügbar unter: http://www.stadtentwicklung.berlin.de/aktuell/pressebox/archiv_volltext.shtml?arch_1 003/nachricht3795.html [16.02. 2012].

Senatsverwaltung für Stadtentwicklung (2010i): *Zwischen- und Pioniernutzer der Tempelhofer Freiheit.* Verfügbar unter: http://www.tempelhoferfreiheit.de/fileadmin/user_upload/Mitgestalten/Pioniere_der_ Tempelhofer_Freiheit_Broschuere_Stand_Dezember_2010.pdf [27.02. 2012].

Senatsverwaltung für Stadtentwicklung (Hrsg.). (2007b): *Urban Pioneers. Stadtentwicklung durch Zwischennutzung. Temporary Use and Urban Development in Berlin*. Berlin: Jovis Verlag.

Senatsverwaltung für Stadtentwicklung und Umwelt (2011a): *Verhandlungsverfahren "Parklandschaft Tempelhof" - Ergebnis: Zuschlag.* Verfügbar unter: http://www.stadtentwicklung.berlin.de/aktuell/wettbewerbe/ergebnisse/2011/parklands chaft_thf_verhandlungsverfahren/gross_max.shtml [27.02. 2012].

Senatsverwaltung für Stadtentwicklung und Umwelt (Hrsg.). (2011b): *Handbuch zur Partizipation.* Berlin: Kulturbuch Verlag.

Siebel, W., Ibert, O. & Mayer, H.-N. (2001): Staatliche Organisation von Innovation: Die Planung des Unplanbaren unter widrigen Umständen durch einen unbegabten Akteur. *Leviathan. Zeitschrift für Sozialwissenschaften, 4,* 526-543.

Siebel, W., Ibert, O. & Mayer, H.-N. (2002a): Die Organisation von Innovation - Neue Formen der Stadt- und Regionalplanung. Ein Vergleich zwischen EXPO 2000 Hannover und Internationaler Bauausstellung Emscher Park. Abschlussbericht des DFG-Forschungsprojekts. Arbeitsgruppe Stadtforschung. Carl von Ossietzky Universität Oldenburg.

Siebel, W., Ibert, O. & Mayer, H.-N. (2002b): *Die Organisation von Innovationen – Neue Formen der Stadt- und Regionalplanung. Ein Vergleich von EXPO 2000 Hannover und Internationaler Bauausstellung Emscher Park. DFG-Forschungsprojekt. Abschlussbericht.* Oldenburg: Carl von Ossietzky Universität.

Simmel, G. (1908): *Soziologie. Untersuchungen über die Formen der Vergesellschaftung.* (Bd. 1). Berlin: Duncker & Humblot Verlag.

Sinning, H. (2002): *Leistungsfähigkeit und Grenzen kommunikativer Planungsinstrumente am Beispiel nachhaltiger Freiraumpolitik in Stadtregionen.* Dissertation, Rheinisch-Westfälische Technische Hochschule, Aachen.

Spangenberg, C.: Flughafenviertel wird kleiner. Erschienen in: Der Tagesspiegel am 24.11.2010. Verfügbar unter: http://www.tagesspiegel.de/berlin/flughafenviertel-wird-kleiner/3273692.html [15.03.2012].

Stadt Passau (2010): *Stadtentwicklung.* Verfügbar unter: http://www.passau.de/Stadtentwicklung-Verkehr/Stadtentwicklung.aspx [15.04. 2012].

Stollowsky, C.: Tausende vergnügten sich im Jubiläumspark. Erschienen in: Der Tagesspiegel am 08.05.2011. Verfügbar unter: http://www.tagesspiegel.de/berlin/tempelhofer-feld-tausende-vergnuegten-sich-im-jubilaeumspark-/4149100.html [26.04.2012].

Tempelhof Projekt GmbH (2010a): *Die entstehende Parklandschaft.* Verfügbar unter: http://www.tempelhoferfreiheit.de/ueber-die-tempelhofer-freiheit/parklandschaft/ [27.03.2012]

Tempelhof Projekt GmbH (2010b): *Die Pionierprojekte im Überblick.* Verfügbar unter: http://www.tempelhoferfreiheit.de/mitgestalten/pionierprojekte/ [03.05. 2012].

Tempelhof Projekt GmbH (2010c): *Ein Labor für Zwischennutzungen.* Verfügbar unter: http://www.tempelhoferfreiheit.de/mitgestalten/ [15.11.2011]

Tempelhof Projekt GmbH (2010d): *Freiraum für Zukunftsbranchen.* Verfügbar unter: http://www.tempelhoferfreiheit.de/mieten-und-investieren/investoren/ [21.04. 2012].

Tempelhof Projekt GmbH. (2010e): *Gesamtentwicklungsplan Tempelhofer Feld: A Strategiedokument.* Berlin.

Tempelhof Projekt GmbH. (2010f): *Gesamtentwicklungsplan Tempelhofer Feld: C1 Quartiere I.* Berlin.

Tempelhof Projekt GmbH. (2010g): *Gesamtentwicklungsplan Tempelhofer Feld: C2 Quartiere II.* Berlin.

Tempelhof Projekt GmbH (2010h): *Planungsgeschichte.* Verfügbar unter: http://www.tempelhoferfreiheit.de/nc/ueber-die-tempelhofer-freiheit/planung/planungsgeschichte/?page=2 [14.02. 2012].

Tempelhof Projekt GmbH (2010i): *Planungsstand.* Verfügbar unter: http://www.tempelhoferfreiheit.de/ueber-die-tempelhofer-freiheit/planung/planungsstand/ [28.03. 2012].

Tempelhof Projekt GmbH (2012): *Die Entwicklung der Parklandschaft.* Verfügbar unter: http://www.stadtentwicklung.berlin.de/planen/tempelhof/download/THF_Entwicklung_der_Parklandschaft_2012.pdf [20.04. 2012].

Thomsen, J.: Ein Park als Prozess. Erschienen in: Berliner Zeitung am 16.04.2011. Verfügbar unter: http://www.berliner-zeitung.de/archiv/das-tempelhofer-feld-bleibt-eine-unendliche-weite---demnaechst-aber-mit-felsen--pavillon--wasser--wegen-und-bunten-blumen-ein-park-als-prozess,10810590,10782534.html [07.05.2012].

Thomsen, J.: Neuer Senator sucht sein Glück in Tempelhof. Erschienen in: Berliner Zeitung am 25.01.2012. Verfügbar unter: http://www.berliner-zeitung.de/berlin/flughafengelaende-neuer-senator-sucht-sein-glueck-in-tempelhof,10809148,11514280.html [20.04.2012].

Trunz, H. (2008): *Tempelhof: Flughafen im Herzen Berlins.* Berlin: GeraMond.

Vorwerk, V. & Riedel, D. (2008): Planen mit mehr als 1.000 Beteiligten. *Standort - Zeitschrift für angewandte Geographie, 32* (3), 108-113.

Wächter, M. (2008): *Squat Tempelhof - Flughafenbesetzung.* Verfügbar unter: http://www.tip-berlin.de/kultur-und-freizeit-stadtleben-und-leute/flughafenbesetzung-tempelhof-geplant [05.05. 2012].

Weber, M. (2006): *Wirtschaft und Gesellschaft.* Paderborn: Voltmedia.

Weyer, J. (2008): *Techniksoziologie: Genese, Gestaltung und Steuerung sozio-technischer Systeme*. Weinheim: Juventa-Verlag.

Yin, R. K. (2009): *Case study research: Design and methods*. (Bd. 5). Thousand Oaks; London; New Dehli: Sage Publications, Inc.

Zapf, W. (1989): Über soziale Innovationen. *Soziale Welt, 40* (1/2), 170-183.

Zawatka-Gerlach, U.: Bildungsquartier auf dem Tempelhofer Feld geplant. Erschienen in: Der Tagesspiegel am 01.03.2012. Verfügbar unter: http://www.tagesspiegel.de/berlin/landesbibliothek-bildungsquartier-auf-dem-tempelhofer-feld-geplant/6271532.html [20.04.2012].

Zawatka-Gerlach, U.: Neue Landesbibliothek soll schnell gebaut werden. Erschienen in: Der Tagesspiegel am 22.01.2012. Verfügbar unter: http://www.tagesspiegel.de/berlin/spd-klausur-neue-landesbibliothek-soll-schnell-gebaut-werden/6095292.html [15.03.2012].

Zerfaß, A. (2005): Innovation Rediness. A Framework for Enhancing Corporations and Regions by Innovation Communication. In *Innovation Journalism*. (Bd. 2, S. 1-27).

Zerfaß, A., Sandhu, S. & Huck, S. (2004): Innovationskommunikation - Strategisches Handlungsfeld für Corporate Communications. In G. Bentele, M. Piwinger & G. Schönborn (Hrsg.): *Kommunikationsmanagement*. Neuwied: Luchterhand. (Bd. 1.24, S. 1-30).

Anhangsverzeichnis

Anhang

Abbildung I: Vorschlag der BIFT zur Umwandlung des Areals in einen Park (1989)

Quelle: Heller & Stintz (2009)

Abbildung II: "Urbanisierung des Flugfelds", ein Entwurf von Dieter Hoffmann-Axthelm und Bernhard Strecker (1991)

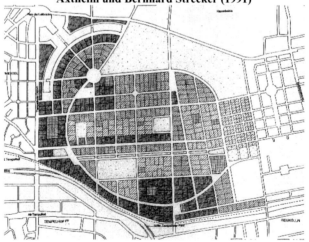

Quelle: Hoffmann-Axthelm (2011)

Abbildung III: Flächennutzungsplan für den Bereich des Tempelhofer Feldes (1994)

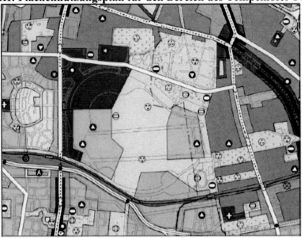

Quelle: Senatsverwaltung für Stadtentwicklung (2002)

Abbildung IV: Stadtbandkonzept von Hentrich-Petschnigg & Partner/Seebauer, Wefers und Partner (1994)

Quelle: Senatsverwaltung für Stadtentwicklung (2008b)

Abbildung V: Entwurf von Graft Gesellschaft für Architektur mbH, Berlin/ Büro Kiefer Landschaftsarchitektur, Berlin (2009)

Quelle: Junge-Reyer (2009)

Erläuterung zum Entwurf von Graft und Kiefer: Mithilfe der Bandstruktur des Entwurfs kann das in Neukölln gelegene Schillerpromenaden Quartier mit dem Columbiadamm und dem Lilienthalquartier verbunden werden. Zugleich bildet sie eine Randbebauung zum Tempelhofer Feld und knüpft an die Identität des Feldes an. Weiterhin begründen die kompakten Baufelder eine energieeffiziente Bewirtschaftung. Fragwürdig sind jedoch die landschaftsräumlichen und die sozialräumlichen Aspekte, da sie dem Titel eines innovativen Feldes nicht gerecht werden. (vgl. Junge-Reyer 2009: 5)

Abbildung VI: Entwurf von Urban Essences Architektur, Berlin/Lützow 7 Landschaftsarchitektur, Berlin (2009)

Quelle: Junge-Reyer (2009)

Erläuterung zum Entwurf von Urban Essences und Lützow 7: Der Entwurf bildet ein beinahe trapezförmiges Stadtquartier ab, das die „Integration in den Kontext mit klassischen städtebaulichen Mitteln" (Junge-Reyer 2009: 7) versucht. Die Straßen weisen eine netzartige Struktur auf. Die Baufelder selbst sind gut dimensioniert und mit unterschiedlichen Bebauungsstrukturen versehen. Um eine eigene Identität zu stiften, sind die Quartiere auf einer erhöhten Terrasse gelegen. Die Anbindung an die Quartiere im Norden wird durch zwei Verbindungsstraßen gewährleistet. Kritikwürdig ist die dichte Anbindung an die Polizeikaserne, wodurch die Kaltluftschneise in diesem Bereich entscheidend gestört wird, als auch die fehlende Freiraumkonzeption im Quartier. (vgl. ebd.)

Abbildung VII: Entwurf von Chora architecture and urbanism, London/ Gross.Max landscape architects, Edingburgh (2009)

Quelle: Senatsverwaltung für Stadtentwicklung (2009d)

Erläuterung zum Entwurf von Chora und Gross.Max.: Der Entwurf sieht vor, Tempelhof zu einem Ort des Forschens, Experimentierens und Produzierens von Energie umzuwandeln. Es wird eine Zonierung in drei Bereiche vorgeschlagen: Der Innenraum mit der großen Parkfläche (A), der innere Ring (B), der der Erschließung dient und mit Pionierfeldern versehen ist und schließlich der äußere Ring (C) mit Baufeldern für Wohnungsbau. Gelobt wurde vor allem die klare Nachvollziehbarkeit der Zonen und die Weiterentwicklung der bestehenden Quartiere im Bereich der Columbiahalle, während die Konkretisierung des Lilienthalquartiers eher auf Ablehnung stößt, da die Baublöcke „in Form und Platzierung beliebig" (Junge-Reyer 2009: 9) wirken. Trotzdem ist dieser Entwurf am visionärsten und interpretiert Columbia-Quartier als „Experimentierfeld für die Stadtentwicklung" " (ebd.) und bietet zudem wesentliche Anknüpfungspunkte für die IBA und die IGA.